91. x

ATLAS PORTATIF

DES MILITAIRES ET DES VOYAGEURS.

Tome 2.

Contenant le détail de l'Allemagne
réduit sur les Cartes de Homan et Mayer.

DÉDIÉ AU ROY.

Par son très humble très obéiss.te et soumis serviteur Le Rouge, Ing.r b. Géographe.

A PARIS,

Chez Le Rouge, Rue des grands Augustins vis-à-vis le Panier fleury.

1759.

AVEC PRIVILEGE DU ROY.

IN LABORE   VERA REQUIES

ATLAS

PORTATIF

DES MILITAIRES ET DES VOYAGEURS.

TOME SECOND.

Contenant le détail de l'Allemagne, en cent Cartes.

DÉDIÉ AU ROY.

A PARIS,

Chez le Sieur LE ROUGE, Ingénieur Géographe du Roy, rue des Grands Auguftins.

M. DCC. LIX.

AVEC PRIVILEGE DU ROY.

AU ROY.

IRE,

    Jamais régne n'a été plus favorable à la perfection de la Géographie, que celui de VOTRE MAJESTÉ, parce que jamais Monarque n'a mieux senti l'importance & l'utilité de cette science. Nos Peres, d'ailleurs si recherchés dans les Arts, sur-tout sous votre illustre Prédécesseur, ne connoissoient leur pays que par les Cartes imparfaites, que les Evêques avoient fait lever dans leurs

a ij

Diocéſes : telle étoit la partie la plus précieuſe de la Géo-graphie Françoiſe, lorſque VOTRE MAJESTÉ porta ſes vues ſur la plus exacte Deſcription d'un Royaume, qui, par ſa ſituation & par ſa force, annonce & la gloire du Mo-narque & les avantages des Sujets. Je parle ici, SIRE, de cet ouvrage immenſe des grands Triangles, commencé il y a plus de trente ans par les ſoins, & ſuivi par les travaux d'une Compagnie auſſi reſpectable par ſon application, que célébre par ſes découvertes. Puiſſe le détail de ces Trian-gles répondre aux premiéres opérations !

Sans m'arrêter ſur des objets auſſi vaſtes, avec quel en-chantement n'ai-je pas vu VOTRE MAJESTÉ donner une partie de ſon attention à la levée de la Carte précieuſe d'Alſace, en cinq feuilles, que j'ai eu l'honneur de graver? Avec quelle ſatisfaction n'ai-je pas été témoin des dépenſes qu'Elle a faites pour celle de la Franche-Comté, en quatre feuilles, ouvrage qui méritoit d'être confié, pour la gra-vure, à des mains plus ſavantes ?

L'Atlas que j'ai l'honneur de préſenter aujourd'hui à VOTRE MAJESTÉ, n'a rien d'étranger aux objets de ſa gloire : l'Allemagne, trop ſouvent le théâtre des guerres, dans leſquelles les armées Françoiſes ont plus d'une fois décidé du ſort du premier Empire du monde, mérite d'être mi-ſe ſous les yeux de ces jeunes Guerriers, qui, joignant au courage François la connoiſſance des lieux, n'en devien-dront que plus propres à moiſſonner les lauriers de Mars.

En rendant volontiers juſtice aux Géographes Alle-mands qui ſe ſont diſtingués dans les Cartes de la Bohême, de la Moravie, de la Sileſie, de la Hongrie, de la Prin-cipauté d'Anſpach, dans le Pirmond, dans la Luſace, &c., il faut avouer que nos François ont abſolument négligé cette partie essentielle, dont le peu de connoissance & du Pays & de la Langue les éloignoit sans doute.

Quelque facilité que j'aye trouvé dans la Langue du pays où je suis né,& quelques secours que j'aye tiré des découvertes de mes Compatriotes,ce n'est cependant que sous les auspices de *VOTRE MAJESTÉ* que j'ose faire paroître cet Atlas Germanique. Que peut un foible instrument sans la main de son maître ? Pénétré d'admiration pour *VOTRE MAJESTÉ*, & de zèle pour son service, je ne négligerai rien pour mériter ces regards favorables avec lesquels Elle anime si puissamment ceux qui cherchent à se distinguer.

Je suis avec le plus profond respect,

S I R E,

DE VOTRE MAJESTÉ,

Le très-humble, très-soumis ; & très-obéissant
serviteur & Sujet, LE ROUGE.

PRÉFACE.

'EMPRESSEMENT avec lequel le Public a reçu le premier volume de cet Atlas, m'a engagé à ne pas lui faire défirer long-temps une Defcription auffi exacte qu'étendue d'une partie de l'Europe, fi cé-lébre par les guerres prefque continuelles, dans lefquelles la France n'a été que trop fouvent obligée d'entrer. Mal-gré les vains efforts de quelques jaloux, à qui j'avois parlé de mon projet dans le temps que je travaillois ma premiére partie, j'ai eu l'avantage de voir les Militaires, les Voya-geurs, les Colléges & les Curieux me donner la préférence fur les foibles imitations de mes Concurrens. Le fuccès eft d'autant plus flateur pour ceux qui confacrent leurs travaux au Public, qu'il vient de perfonnes plus éclairées. Ce font ces mêmes perfonnes qui m'ont engagé plufieurs fois à donner un fecond volume, qui ne contînt que l'Allemagne, partie fi importante, qu'il eft honteux que l'on ne fe foit point appli-qué jufqu'à préfent en France à la faire connoître. Il eft vrai qu'un pareil travail n'eft pas du reffort de tout Géographe : je viens d'en donner une preuve évidente, dans la refonte de l'ouvrage d'un Académicien. *Les grandes fautes dans la Géo-graphie, viennent de l'ignorance des Langues Etrangéres* (*).

Si je ne favois pas à fond la langue Allemande, je n'aurois ja-mais tenté de traiter la Géographie de cette vafte contrée. C'eft cet avantage incroyable qui m'y a engagé. Rien de plus com-pliqué que l'Empire d'Allemagne ; rien de plus difficile à en-tendre & à développer. J'ai voulu quelquefois faire connoître le ridicule des fautes immenfes qui fourmillent dans les Cartes d'Allemagne faites par des gens Savans d'ailleurs, mais qui ne connoiffent pas cette Langue ; j'ai perdu mon temps.

Malgré les difficultés que j'ai prévues de fatisfaire aux inftan-ces des Curieux, à caufe du peu de bonnes Cartes que nous avons fur cette partie, même en Allemagne, & le travail qu'il falloit

(*) Les Mémoires de la Société Cofmographique, imprimés à Nuremberg en 1750. Préface, pag. 14.

forcer pour les réduire & les affujettir aux latitudes & aux longitudes modernes, néanmoins j'ai entrepris cet ouvrage avec plaifir, parce que j'étois réfolu de ne rien négliger pour réuffir: ce n'eft pas la premiére fois que je me fuis efforcé de donner au Public des marques de mon zèle & de ma reconnoiffance.

J'ai fixé ce fecond volume à cent une Cartes les plus importantes. Je me fuis fervi des meilleures Cartes de Homan, de Hafius, de Mayer & de Seuter, que j'ai réduites le plus exactement qu'il m'a été poffible, & que j'ai rapportées aux obfervations modernes. Pour donner une légére idée des difficultés qu'il m'a fallu furmonter, il fuffit d'affurer les Connoiffeurs que j'ai trouvé de ces Cartes, dans lefquelles la différence de la longitude étoit de trois à quatre dégrés. Je n'ai rien épargné pour la gravure. J'y ai mis tout le détail dont la grandeur des feuilles a été fufceptible: j'ai fait le plus fcrupuleufement du monde l'examen des corrections jufqu'à deux & trois fois; fi cependant quelques fautes s'étoient gliffées, comme il peut arriver, je prie les Amateurs de me faire part de leurs obfervations. Eft-il poffible de travailler avec fuccès fans fecours?

Si Bradley a fait de belles obfervations en Angleterre; s'il a enrichi l'Aftronomie, c'eft que le Comte de Maklesfield lui bâtit fon Obfervatoire, & aida à fa fubfiftance; le Chevalier de Lowndes ne fonda-t-il pas une chaire de Profeffeur d'Aftronomie, à perpétuité, à Cambridge, en 1748?

En France le Roi eft le premier Bienfaicteur des Géographes: Combien de preuves de fa générofité M. le Duc d'Orléans ne leur donne-t-il pas? Les autres Chefs de la Natione devroient-ils pas imiter le premier Prince du Sang, & aider, à proportion de leur état, ceux qui cherchent à débrouiller une fcience qui n'eft encore qu'au berceau?

J'ai donné dans mon premier volume une Introduction à la Géographie en général. Je fuivrai dans celui-ci la même marche, en préfentant un développement abrégé de l'Empire d'Allemagne.

Les lieues dont je me fuis fervi dans cet Atlas font de vingt au dégré. C'eft-à-dire de 2853 toifes chacune, ou de 3423 pas géométriques. Toutes mes Cartes font orientées Nord & Sud.   DISSERTATION

DISSERTATION

SUR

L'ALLEMAGNE.

LUSIEURS Géographes ont travaillé sur l'Alle-magne, & en ont laissé des Cartes générales: tels sont Janfonius, Blaeu, Alard, du Val, Sanfons, de Fer, de l'Ifle, Robert, Nolin, Jefferis, Moll, Ottens, Schenck, Valck, Vifcher, de Witt, Homan, Eifenfchmitt, Ha-fius, Mayer, enfin d'illuftres membres de l'Académie de Berlin. C'eft la Carte critique de Mayer qui m'a fervi de bafe pour les longitudes & les latitudes de toutes les Cartes de ce volume.

Le mot de *Teutfchland* qui fignifie *Allemagne, Germania, Alléman-nia*, dérive du mot *Teuton*. Les anciens peuples qui habitoient d'abord les Ifles de Seeland, de Fuhnen, de Langeland, s'approchèrent du Rhin, & donnèrent le nom de Teutfchland à l'Allemagne. *Land* voulant dire Pays, ils l'appellèrent pays des Teutons.

Sa pofition.

L'Allemagne eft bornée vers l'Orient, par la Hongrie & par la Pologne; à l'Occident, par les-Pays-Bas Catholiques & par la France; au Sud, par la Suiffe & par l'Italie; au Nord, par la mer Baltique, par le Sutland & par le Dannemarc.

A

Sa grandeur.

D'Orient en Occident l'Allemagne peut avoir 266 lieues, de 20 au dégré. C'est toujours de ces lieues dont je me sers dans les Cartes de ce volume. Du Nord au Sud on compte 226 lieues, & on donne à cet Empire environ 800 lieues de tour.

L'Allemagne est voisine de trois grandes mers; sçavoir de la mer Adriatique au Sud, de la mer d'Allemagne, & de la mer Baltique vers le Nord. L'Allemagne est arrosée par cinq grands fleuves, qui sont le Danube, le Rhin, le Weser, l'Elbe & l'Oder.

1. Le Danube, *Danubius* ou *Ister*, en Allemand *Donau*, a sa source en Suabe, près Donaeschingen (Ville & Chateau au Prince de Furstenberg:) il traverse la Suabe d'Occident en Orient, passe à Ulm, traverse le Duché de Neuburg, passe à Ingolstatt, à Ratisbonne, à Straubing, à Passau, sépare la basse Baviere du haut Palatinat: de-là il s'étend dans le milieu de l'Autriche, passe sous Lintz, Ens, Ips & Vienne; il parcourt ensuite la Hongrie & la Turquie. Enfin d'Europe passant à Presburg, Raab, Gran, Bude, Belgrade, Senderow, Orsava, Widin, Nigepoli, &c., il se perd dans la mer noire, ou dans le Pont-Euxin, par sept bouches, après avoir ramassé dans sa course les eaux de la riviére de Lech, l'Iser, l'Inn, l'Ens, la Marche, la Raab, la Drave, la Teisse, la Save, la Morava, l'Alt, la Strech & la Pruth.

2. Le Rhin, en latin *Rhenus*, en Allemand *Rhein*, a ses sources en Suisse, près le mont S. Gotthard: il passe par le lac de Constance, ramasse la riviére d'Aar, baigne les murs de la Citadelle de Strasbourg, reçoit la riviére d'Ill, peu au-dessous de cette Ville, entoure le Fort-Louis du Rhin, arrose la Forteresse de Philipsbourg, la Ville de Spire, Manheim, où il prend les eaux du Necker: de-là il passe à Worms, à Oppenheim, à Mayence. Ici il se gonfle des eaux du Main, reçoit la Nahe à Bingen, passe au pied du fort de Rheinfels, prend la riviére de Lhan à Lhanstein, arrose la ville de Coblence, où il se joint à la Moselle: ensuite il passe à Bonn, Cologne, Nuys, où il reçoit la petite riviére d'Erft, passe à Dusseldorf, à Rœrort, où il prend la Rœr, à Wesel où il rencontre la Lippe: de-là il fortifie le fort de Schenck, où il se partage en deux branches. Celle de l'Ouest prend le nom de Wahl. Celle du Nord conserve son nom de Rhin, jusqu'à Arnheim, où ce fleuve se subdivise une seconde fois; le Rhin prend son cours à l'Ouest, l'autre branche s'appelle Yssel, coule droit au Nord jusques dans le Zuyder-sée: le Wahl après avoir passé à Nimegue, se mêle avec la Meuse, peu au-dessus de Bomel: rejoignant peu après le Rhin, il va se jetter dans la mer d'Allemagne au-dessous de Rotterdam, après avoir formé dans son cours plusieurs grandes Isles.

3. Le Weser, en latin *Visurgis*, prend sa source dans le Comté de Henneberg: il se nomme d'abord Werra jusqu'à Munden, où il prend

les eaux de la Fulde , enfuite il paffe à Hameln , à Minden , fe gonfle de
la riviére d'Aller dans les environs de Verden ; de-là il paffe à Bremen ,
& va fe jetter dans la mer d'Allemagne à environ dix lieues de-là. Ce
fleuve , après avoir traverfé la Heffe , fépare pour ainfi dire, le cercle
de Weftphalie du cercle de la Baffe-Saxe.

4. L'Elbe , en latin *Albis* , a fon origine dans les montagnes dites Ri-
fengeburg, qui féparent la Bohême de la baffe Siléfie. Ce fleuve coule
d'abord au Sud , où il reçoit les eaux du Moldau à fix lieues au-deffous de
Prague : de-là il paffe à Drefden , ramaffe l'Elfter à trois lieues au-deffus de
Wittenberg , reçoit la Mulda près Deffau : fix lieues plus bas il prend la
Sala , va à Magdebourg : groffi des eaux du Havel venant de la Sprée, il
coule vers Hambourg , & va fe jetter dans la mer d'Allemagne , environ
à douze lieues au-deffous de cette derniére ville.

5. L'Oder , en latin *Viadrus* ou *Odera* , prend fa fource en Moravie ,
dans les montagnes qui féparent cette Province de la Siléfie qu'il parcourt entiérement , paffant à Ratibor , Oppeln , Brieg , Breflau. , Croffen ,
où il reçoit la riviére de Bober : fortifié peu après par les eaux de la
Neiffa , il paffe à Francfort ; ayant joint enfuite la Warta à Cuftrin , il
arrofe Stetin , & va fe jetter dans la mer Baltique à environ douze lieues
plus bas. Après ces fleuves , le Main forme la riviére la plus confidéra-
ble de l'Allemagne : elle prend fa fource dans le Marquifat de Culmbach , reçoit la Régnitz au-deffous de Bamberg , paffe en ferpentant à
Schweinfurt , Wurtzburg , Wertheim , Afchaffembourg , Hanau , Francfort ,
& va mêler fes eaux avec le Rhin , à une demie lieue au-deffus de Mayence.

Sa fituation.

L'Allemagne eft fituée entre le 45°. dégré & 54°. ¼ dégré de latitude ,
& entre le 25°. & 37°. dégré de longitude. Dans la partie méridionale ,
l'air eft affez tempéré : il fait très-froid dans la partie feptentrionale. En
général l'air eft fort fein en Allemagne , & le terroir produit en abon-
dance tout ce qui eft néceffaire à la vie. L'Allemand eft ordinairement fort ,
robufte , ouvert , franc , fidèle , laborieux , fobre , bienfaifant , quelquefois
d'une humeur un peu fombre , mais ftudieux , brave , profond , & également
propre à inventer ou à percer dans les hautes fciences : on ne peut lui dif-
puter des talens finguliers pour la mufique ; & c'eft particuliérement dans
les inftrumens à vent qu'il excelle. Le pays eft fort peuplé : les uns comptent
cinq millions d'ames , les autres dix , les autres trente.

La langue Allemande eft la plus ancienne , & fans contredit la plus
difficile de toute l'Europe. Il y a des Auteurs Allemands qui préten-
dent qu'elle s'accorde affez avec le grec. Elle a un ton grave , majeftueux ;
la plus belle & la plus pure , eft celle dont fe fervent les Saxons. Chaque Province prononçe différemment ; mais toutes écrivent à peu près
de même , & c'eft ce qu'on appelle le haut Allemand. Ce que je n'ai-
merois pas dans cette langue , c'eft un amas trop répété de périphrafes , &

A ij

des périodes qui ne finiſſent point, & au bout deſquels il faut chercher le verbe. Elle eſt cependant ſuſceptible d'agrément, ſur-tout dans la Poëſie. Elle eſt très-énergique & féconde en différence de termes comme le latin. Je ne connois pas deux mots dans la langue Allemande qui ayent pluſieurs ſignifications, défaut trop ordinaire à la langue Françoiſe.

L'Allemagne ne laiſſe pas que d'avoir un commerce fleuriſſant. Les célébres Foires de Francfort, Léipſick, Brunſwic, & Naumburg, ne contribuent pas peu à jetter l'opulence dans le Pays : il y a auſſi pluſieurs Manufactures. La partie des mines & des minéraux eſt un objet également digne de la curioſité des Connoiſſeurs, & des obſervations économiques de ceux qui poſſédent ces dépôts précieux. Il ſeroit à ſouhaiter que les poſtes établies en Allemagne fuſſent mieux ſervies, & que les chemins fuſſent plus praticables. Rien ne contribue plus à la magnificence & à l'opulence d'un pays que la bonté des chemins. On cultive les ſciences en Allemagne : il y a peu de villes où il n'y ait un Collége. Les Catholiques comptent dix-ſept Univerſités, ſçavoir Bamberg, Breſlau, Cologne, Conſtance, Dillingen, Fribourg, Gratz, Ingolſtadt, Inſpruck, Lintz, Mayence, Molsheim, Paterborn, Prague, Saltzburg, Treves, Vienne & Wurtzburg. Les Luthériens en comptent auſſi dix-ſept, comme Altorf, Erfurt, Erlangen, Gieſen, Gottingen, Grypſwalden, Halle en Saxe, Helmſtadt, Jena, Kiel, Konigſberg, Leipſick, Rintelen, Roſtock, Straſbourg, Tubingen & Wittenberg. Les Calviniſtes en ont quatre, qui ſont Duyſbourg, Francfort ſur l'Oder, Heidelberg & Marburg.

Il y a auſſi quelques Académies célébres. Les Allemans ſe diſtinguent particuliérement dans l'étude de la Médecine & du Droit.

De la Religion.

Ce fut l'an 500 que l'Evangile fut introduit en Allemagne, & que le Paganiſme en fut banni : le Roi Clodoveus ſe fit baptiſer en 496. Cependant la Religion ne fit que des progrès très-lents pendant trois cens ans ; elle ne triompha même de toute l'Allemagne que ſous le régne de Charlemagne, c'eſt-à-dire vers l'an 800 : ce Prince engagea les Saxons à embraſſer la Foi Catholique, & fonda quantité d'Evêchés. La pureté des dogmes ſe ſoutint juſqu'aux diſputes de Luther. Cet Héréſiarque prêcha ſa nouvelle Doctrine à Wittenberg, forma ſa ſecte & eut des Partiſans dès l'année 1529. Malgré les menaces qu'on lui fit, ainſi qu'à ſes Sectateurs dans la Diète de Spire, il vit tous les jours ſon parti fortifié par de puiſſans Protecteurs.

L'Electeur de Saxe, celui de Brandebourg, quelques autres Princes & quelques villes proteſtèrent contre ce qui s'étoit paſſé dans la Diéte à l'occaſion des nouveaux Dogmes de Luther ; & c'eſt de-là que vient le nom Proteſtant. La Doctrine de Luther fit ſucceſſivement de nouveaux progrès. Enfin en 1530 parut la fameuſe Confeſſion d'Augſbourg : l'Empire n'en fut pas cependant plus tranquille : il s'éleva une guerre de Religion, qu'on appella communément la guerre de Schmalkalden. L'an 1552, on convint à Paffau qu'on tiendroit une Diéte où toutes les difficultés des Religions feroient applanies.

L'an 1555, cette Diéte fe tint à Augfbourg : on y arrêta que les Etats de l'Empire, tant Catholiques que Luthériens, ne fe troubleroient plus dans la fuite pour aucun fait de Religion que ce puiffe être, & qu'on vivroit en paix de ce côté-là. Ces deux Religions furent donc tolérées en Allemagne ; mais enfin le Calvinifme penfa troubler le repos dont on commençoit à jouir : pour prévenir les fuites du nouvel orage qui menaçoit, on convint, dans le traité de Weftphalie, que les Sectateurs de Calvin auroient le même privilége que les Luthériens, & que les trois Religions feroient également tolérées dans l'Empire, bien entendu fur le pied de leur établiffement de 1624, c'eft-à-dire que les chofes refteroient dans l'état où elles étoient pour lors.

Conformément à cet accord, la Religion Catholique eft refpectée en Bohême, en Moravie, en Autriche, en Stirie, en Carinthie, en Carniol, dans le Tyrol, dans l'Evêché de Bâle, dans les Electorats de Mayence, de Treves & de Cologne, dans l'Eifel, dans le haut Palatinat ou Palatinat de Baviere, dans les Evêchés de Saltzbourg, Paffau, Wurtzburg, Bamberg, Aigftet, Fulde, Conftance, &c.

Les Luthériens dominent dans l'Oftfrife, dans le Comté d'Oldenbourg, Delmenhorft, dans le Duché de Bremen, Verden & Holftein, dans le Mecklenbourg, dans la Poméranie, la Luface, dans Monbeilliard, dans le Wefterich, dans les Duchés de Lavembourg, Hannover, Brunfwick, Halberftadt, Quedlingburg, Magdebourg, Anhalt, Thuringe, dans toute la haute Saxe, dans la Vétéravie & dans le Comté de Limpurg.

Dans le Duché de Cleves, tous les Habitans font prefque Calviniftes ; mais les autres Provinces de l'Empire font mêlées comme le Duché de Brandebourg, le pays de Juilliers, où il y a prefque autant de Calviniftes que de Luthériens.

La Siléfie, la Suabe, le Sundgau, l'Alface, le Duché de Bergue, la Franconie, contiennent autant de Luthériens que de Catholiques. Il y a cependant quelques Réformés Calviniftes.

Les trois Religions font connues & fuivies dans la Weftphalie, dans la Heffe & dans le Palatinat du Rhin : outre ces trois Religions, il s'eft introduit un grand nombre de Juifs dans quelques parties de l'Empire, fur-tout à Francfort, Hambourg & à Mayence.

Du Gouvernement.

Les anciens Teutons étoient gouvernés tantôt par des Rois, tantôt par de grands Capitaines, tantôt par des Princes. Charlemagne, ayant fubjugué toute l'Allemagne, diftribua des Gouverneurs & des Régens dans les différentes parties de fes nouveaux Etats, pour y faire obferver fes Loix : ces Gouverneurs furent appellés Comtes, parce qu'ils accom-

pagnoient, ou du moins aidoient le Prince dans l'adminiſtration de ſon
Empire : outre ce nom général, ils en prirent de particuliers, ſelon les
différens endroits où ils faiſoient leur réſidence, ou ſelon l'étendue du
pays dans lequel ils commandoient. Il y avoit par exemple des Marg-
grafen qui habitoient certains gros Bourgs. *Marg* veut dire Bourg, &
Grafen Comtes. Les Bourg-Grafen commandoient dans certains grands
Châteaux. *Bourg* veut dire Caſtel. Les Land-Grafen avoient un plus grand
pays à gouverner, tels que les Land-Grafen de Heſſe, de Darmſtat, de
Thuringe : ce dernier eſt éteint. Pfaltz-Grafen étoient les Comtes Palatins. Le Gouvernement de l'Allemagne fut donc pendant un temps mo-
narchique : ces Comtes ayant rendu leurs Charges héréditaires, & s'é-
tant appropriés le droit de l'Election de l'Empereur, l'Allemagne reçut
une forme toute différente : alors elle fut gouvernée par l'Empereur &
par les Etats : les Princes qui choiſirent les Empereurs, furent nommés
Electeurs. Les Allemands reçurent d'abord la Loi Salique des Francs,
enſuite ils adoptèrent les Loix de la Suabe & de la Saxe, celles de Magdebourg & de Lubec, auxquels ils mêlèrent d'autres anciennes Coutu-
mes.

Charles IV Empereur donna la Bulle d'or à Nuremberg, où étoient tous
les Electeurs, en 1356 le 10 Janvier : cette Bulle n'eſt autre choſe qu'un
Edit touchant les Réglemens de l'Empire : Elle contient trente Chapitres :
le premier traite du ſauf-conduit des Electeurs, & par qui ils doivent être
eſcortés : le deuxième traite de l'élection du Roi des Romains : le troi-
ſième de la ſéance des Archevêques de Treves, Cologne & Mayence :
le quatrième des Electeurs en général : le cinquième du Droit du Comte
Palatin du Rhin & du Duc de Saxe : le ſixième de la comparaiſon des
Electeurs avec les autres Princes : le ſeptième de la ſucceſſion des Princes : le huitième de l'exemption du Roi de Bohême & des Habitans dû-
dit Royaume : le neuvième des mines d'or, d'argent & d'autres métaux : le dixième de la monnoye : le onzième de l'exemption des Princes
Electeurs : le douzième de l'aſſemblée des Princes : le treizième de la ré-
vocation des privilèges : le quatorzième de ceux auxquels on ôte les Fiefs
comme en étant indignes : le quinzième des conſpirations : le ſeizième
des Pfalburger ou des Bourgeois qui étant ſujets d'un Prince, acquiè-
rent la Bourgeoiſie & protection chez un autre : le dix-ſeptième des Dé-
fis : le dix-huitième, des Lettres d'intimation : le dix-neuvième, de la
forme de la procuration : le vingtième de l'union des Princes Electeurs & des
droits qui leur ſont particuliers : le vingt-unième de l'ordre de marcher entre
les Archevêques : le vingt-deuxième de l'ordre de marcher entre les Princes ſéculiers qui portent les honneurs : le vingt-troiſième des fonctions
des Archevêques en la préſence de l'Empereur. Les Loix ſuivantes ont
été publiées par le même Empereur en la Diète de Metz, le jour de Noël
1356, aſſiſté de tous les Electeurs, de l'Evêque d'Albe Cardinal, & de Charles fils aîné de France, Duc de Normandie & Dauphin : le vingt-quatriè-
me traite de la punition de ceux qui pourroient attenter à la vie de quel-

que Electeur : le vingt - cinquième, de la confervation des Principautés des Electeurs en leur entier : le vingt-fixième de la Cour Impériale & de fa féance : le vingt-feptième des fonctions des Princes Electeurs dans les Cours folemnelles des Empereurs, ou des Rois des Romains : le vingt-huitième des Tables Impériales & Electorales : le vingt-neuvième des Droits des Officiers, lorfque les Princes font hommage de leurs Fiefs à l'Empereur ou au Roi des Romains : le trentième de l'inftruction des Princes Electeurs aux Langues. C'eft cet Edit qu'on appelle auffi Pragmatique-Sanction, ou Loi fondamentale de l'Empire.

L'original de cet Edit eft écrit en latin, fur du vélin, & fe garde dans l'hôtel de Ville de Francfort : au bas pend un fceau d'or d'où cette Bulle prend fon nom.

L'Empereur Maximilien I appaifa tous les troubles de l'Empire en 1595, & réforma quantité d'abus. En 1500, il divifa l'Empire en fix Cercles auxquels on ajouta quatre autres dans la fuite.

L'Empereur eft élû par les Electeurs au nom de tout l'Empire : cette élection fe fait à Francfort fur le Main : c'eft là où l'on a coutume de le couronner, ce qui devroit cependant fe faire à Aix-la-Chapelle : cette cérémonie s'eft faite quelquefois à Ratifbonne, à Augfbourg : dans le cas où l'Empereur n'eft pas facré à Aix-la-Chapelle, cette ville reçoit une forte de dédommagement, puifqu'elle eft gardienne de plufieurs joyaux de l'Empire, & qu'elle prête ferment au facre de l'Empereur, comme fait la ville d'Augfbourg.

L'Empereur d'aujourd'hui eft François I Roi de Jérufalem, Duc de Lorraine & de Bar, Grand Duc de Tofcane : il eft né le 8 Décembre 1708, & a été élû le 13 Septembre 1745, & couronné à Francfort le 4 Octobre de la même année. Il poffède Falckenftein dans le Wefterich, & Tefchen dans la Siléfie : lorfque l'Empereur vient à mourir, l'Electeur de Saxe, comme Vicaire de l'Empire, & l'Electeur Palatin, prennent les rennes de l'Etat.

Les Etats de l'Empire font ou médiats, c'eft-à-dire, lorfqu'ils rendent foi hommage à leur Souverain, ou immédiats, lorfqu'ils relevent de l'Empire : comme Princes de l'Empire, ils ont droit de voix & de féance à la Diéte. Ces Etats immédiats fe divifent en Collége des Electeurs, Collége des Princes ; Collége des Villes Impériales.

Des Electeurs.

Les Electeurs font des Princes qui en vertu des Etats immédiats qu'ils poffédent, ont droit d'élire l'Empereur au nom de tout l'Empire. On ne fçait pas bien quand ce Collége a été fondé. Ce qu'il y a de certain, c'eft qu'il y en avoit fept dans le commencement : préfentement il y en a neuf : les Electeurs jouiffent auffi de plufieurs prérogatives par rapport aux Etats de l'Empire. Il y a fix Electeurs laïques & trois Eccléfiaftiques.

Les Electeurs Eccléfiaftiques font : 1. L'Electeur de Mayence qui eft Archichancelier dans la Germanie : le Prince qui gouverne aujourd'hui

fe nomme Jean-Frédéric-Charles, Comte d'Oftein : c'eft un Prince d'un grand
mérite : il eft plein d'érudition, & protége les Arts. Il fut élu le 22 Avril
1743. Il poffede, outre l'Electorat, la Ville d'Erfurt dans la Thuringe,
l'Eisfeld & plufieurs Bailliages dans la Heffe.

2. L'Electeur de Treves eft Archichapelain de l'Impératrice : celui
qui vit aujourd'hui eft le Comte de Schonborn, Puchheim, Wolffthal :
il a été élu le 2 Mai 1729. Son Coadjuteur eft le Baron de Walder-
dorf. Outre l'Archevêché de Treves, il poffede auffi l'Evêché de Worms
depuis 1732 & Ellwangen.

3. L'Electeur de Cologne a le titre d'Archichancelier en Italie : l'E-
lecteur d'aujourd'hui eft le Duc de Baviere, fait Archevêque en 1723.
Outre l'Electorat de Cologne, il poffede le Duché de Weftphalie, les
Evêchés de Paterborn, Munfter, Hildesheim, Ofnabrugg & Mergen-
theim.

Les Electeurs Laïques font : 4. L'Electeur de Bohême, auquel eft attaché
la Charge de grand Echanfon du S. Empire Romain. L'Impératrice d'aujourd'hui, Reine de Bohême & de Hongrie, poffede la Moravie, partie de
la haute Siléfie, l'Autriche, la Stirie, la Carinthie, le Carniol, le Tyrol, la Comté de Tilley, ainfi que plufieurs Terres en Suabe & dans le
Brifgau.

5. L'Electeur de Baviere eft grand Maître de l'Empire : Maximilien
Jofeph régne depuis 1745. Il poffede, outre la Baviere, le haut Palatinat, le
Landgraviat de Leuchtenberg, plufieurs Terres en Suabe, le Comté
de Sultzberg, Hohenwaldeck & Breiteneck.

6. L'Electeur de Saxe eft grand Maréchal & grand Veneur de l'Empire, dont il eft auffi Vicaire né dans le cas de vacance : il eft de plus Chef de
tous les Princes Proteftans de l'Allémagne. Celui d'aujourd'hui eft Fré-
déric-Augufte, régnant depuis le premier Février 1733 : il eft Roi de
Pologne : outre l'Electorat de Saxe, il poffede la haute Luface, la plus
grande partie de la baffe Luface, partie du pays de Mansfeld & de la
Thuringe : il jouit de la Principauté d'Overfurt, du territoire de Weiffenfels, de l'Evêché de Merfebourg & de Naumbourg : il a enfin le Burg-
graviat de Magdebourg, le Comté de Barby, enfin plufieurs terres dans le
Voitgland & dans le Henneberg.

7. L'Electeur de Brandebourg, Roi de Pruffe, eft grand Chambellan de
l'Empire : celui qui eft aujourd'hui fur le trône, régne depuis 1740 : outre
le Brandebourg, il poffede la Poméranie, le Magdebourg, le Halberftat,
Minden, Cleves, Comté de la Marck, Ravenfberg, Lingen, Moers, Tecklenburg, partie de la baffe Luface, prefque toute la Siléfie, le Comté
de Glatz, l'Oftfrife, ou le Comté d'Embden, la Principauté de Neuchatel & du Valengin, une partie de la Gueldre, le Comté de l'Impurg
& la Pruffe. Il a auffi le droit de patronage fur Quedlingbourg.

8. L'Electeur Palatin eft grand Tréforier de l'Empire. Charles-Phi-
lippe Théodore régne depuis 1742. Outre le Palatinat du Rhin, il poffede Neubourg, Sultzbach, Bergue & Juliers, Ravenftein, le Comté de
Veldenz, le Bailliage de Lautrec, Stadeck, &c.   9.

9. L'Electeur de Brunfwick Lunébourg eft George II Roi d'Angterre, régnant depuis 1727 : il poſſéde en Allemagne le pays de Hanover, Zell, les Duchés de Bremen & de Verden , le Duché de Lavembourg , les Comtés de Hoya & de Diepholtz, le pays de Hadelen & le Bailliage de Steinhorſt.

Des Princes de l'Empire.

Les Princes de l'Empire ſont ou titrés , ou poſſédant quelques Princi-pautés en Allemagne : il y en a d'Eccléſiaſtiques & de Laïques.

Les Princes de l'Empire Eccléſiaſtiques, ſont ou Archevêques, ou Evê-ques, ou Abbés, ou Prélats : il y a même quelques Abbeſſes qui jouiſſent de la Principauté ſouveraine.

1. L'Archevêque & Electeur de Mayence a pour Suffragans les Evê-ques de Spire, de Wurtzbourg, de Hildesheim, d'Aichſtedt, de Pater-born , d'Augſbourg, de Conſtance, de Worms & de Chur.

2. L'Archevêque & Electeur de Treves a pour Suffragans les Evê-ques de Metz , Toul & Verdun , en France.

3. L'Archevêque & Electeur de Cologne a pour Suffragans les Evê-ques de Liége , d'Oſnabruck & de Munſter.

4. L'Archevêque de Saltzbourg a pour Suffragans les Evêques de Freiſingen , de Brixen, de Trente , de Chiemſe , de Gurck , de Seckau & de Lavant; il avoit autrefois Vienne , Ratifbonne & Paſſau ; mais il a perdu ce droit depuis que celui de Vienne a été fait Archevêque, & que les autres relevent immédiatement du ſaint Siége.

5. L'Archevêque de Beſançon tenoit ici ſa place autrefois. Il avoit ſous lui les Evêques de Bâle, de Sion, de Lauſanne & de Bellay.

6. C'eſt ici la place du grand Maître de l'Ordre Teutonique , Ordre autrefois ſi reſpectable & ſi puiſſant, & qui ne doit ſon aviliſſement qu'à ſon inconſtance dans la Religion.

7. L'Archevêque de Vienne a pour Suffragans l'Evêque de la Ville-neuve de Vienne, les Prélats de Molck , de Gottwein , & de Cloſter-Neubourg.

Les Evêques , Princes de l'Empire.

Il y en a 22. qui ſont : 1. L'Evêque de Bamberg , en Franconie & en Carinthie : 2. de Wurtzburg : 3. de Worms : 4. d'Aigſtet : 5. de Spire : 6. de Strafbourg : 7. de Conſtance : 8. d'Augſbourg : 9. d'Hildeſheim : 10. de Paterborn : 11. de Freyſingen : 12 & 13. de Ratifbonne & de Paſſau , relevant du Pape : 14. de Trente 15. de Brixen : 16. de Baſle , qui releve de Beſançon : 17. de Liége . 18. d'Oſnabruck : 19. de Munſ-ter : 20. Lubeck , ſeul Evêque Luthérien : 21. de Chur , dans les Gri-ſons : 22. Fulde , depuis 1752, & qui releve du Pape.

Il y a encore un Archevêque à Prague ; mais il n'a ni voix ni ſéance à la Diéte , ainſi que les Evêques de Leitmeritz, de Konigsgatz, de la Ville-Neuve de Vienne, de Seckau , de Gurck , de Lavant , de Chiem-ſée , de Trieſte , de Leybach , de Sion , de Lauſanne (celui-ci n'eſt plus), d'Olmutz & de Breſlau. **B**

Des Abbés qui ont le titre de Princes.

Les Abbés Princes font : 1. L'Abbé de Kempten : 2. le Prévôt d'Ell-wangen : 3. l'Abbé de Murbach & de Luders : 4. le Grand Prieur de Malte à Heidersheim en Brifgau : 5. le Prévôt de Berchtolsgaden, dans la haute Baviere : 6. l'Abbé de Corvey, au Nord de Caffel : 7. l'Abbé de Prum, au Nord de Treves : 8. le Prévôt de Weiffenburg : 9. l'Abbé de Stablo & de Malmedy : 10. l'Abbé d'Ochfenhaufen : 11. l'Abbé de S. Emeran, à Ratifbonne.

Les Prélats & Abbés non Princes qui ont voix & féances à la Diéte.

Ces Prélats & Abbés fe divifent en Banc de Suabe & en Banc du Rhin. Le Banc de Suabe en contient dix-fept, fçavoir : 1. L'Abbé de March-thal, fur le Danube : 2. l'Abbé d'Elchingen près, Ulm : 3. de Salmans-weiller, près Uberlingen : 4. de Weingarten, près Ravenfburg : 5. d'Irfin-gen, près Kaufbeuren : 6. Petershaufen, à Conftance : 7. Urfperg, près Than-haufen : 8. Munchroden, près Memmingen : 9. Roggenburg, près Weif-fenhorn : 10. Weiffenau ou Minderan, en Suabe : 11. Schuffenried, près le Feder-fée : 12. Wettenhaufen, près Burgau : 13. Gengenbach, dans l'Ortnau : 14. Weiffenau, en Franconie : 15. S. Blaife, au Nord de Se-kingen : 16. Ottenbeuren, près Mindelheim : 17. Zwiefalten, près Ulm. Le Banc du Rhin en contient huit, fçavoir : 1. L'Abbé de Kayfersheim, fur le Danube : 2. de S. George, à Iffey : 3. de S. Ulrich ou Udalric & Afræ, à Augfbourg : 4. de Werden, en Wefthalie : 5. de Bruchfal ou Udenheim, Evêché de Spire : 6. de Munfter Val S. Gregoire, haute Alfa-ce : 7. de S. Cornelienmunfter, près Aix-la-Chapelle : 8. de Wolkenried, dans le Brunfwich.

Des Abbeffes.

Les unes ont rang de Princeffes, ont voix & féances à la Diéte, les autres ne l'ont point.

Celles qui ont voix & féance, font les Abbeffe : 1. Effen, en Wefthalie, Abbeffe & Princeffe : 2. de Buchau Feder-fée : 3. de Quedlinburg, près Magdebourg : 4. Andlau, en Alface : 5. de Lindau, fur le lac de Conftance : 6. d'Herverden, dans le Ravenfberg : 7. de Gandersheim, dans le Wol-fenbutel : 8. d'Obermunfter, à Ratifbonne : 9. de Nidermunfter, à Ratif-bonne : 10. de Burfcheid, près Aix-la-Chapelle : 11. de Neuburg, près Salfburg : 12. de Baindt, en Suabe : 13. de Guttenzel, en Suabe : 14. de Rotheumunfter, en Suabe : 15. de Hechenbach, en Suabe.

Les Abbés & Abbeffes qui n'ont point de voix, qui n'ont que le titre de Princes ou de Princeffes de l'Empire font : 1. L'Abbé de S. Gal :

2. l'Abbé de Notre-Dame des Ermittes : 3. l'Abbé de Pfœfers : 4. l'Abbé de Difentis : 5. l'Abbé de Mury, près Baden, en Suiffe : 6. l'Abbeffe de Schœnis : 7. l'Abbeffe des Chanoineffes de la Ville-Neuve, à Prague.

Les Princes Laïques de l'Empire font ou Archiducs, ou Ducs, ou Princes, ou Comtes Palatins, ou Markgraves, ou Burggraves. (*Grave* veut dire Comte.)

COMTES-PRINCES, COMTES DE L'EMPIRE.

Les anciens Princes d'Allemagne.

Les anciens Princes font : 1. Les Archiducs d'Autriche : 2. les Comtes Palatins du Rhin, de Deux-Ponts Birckenfeld : 3. les Ducs de Saxe. Il y a deux branches dans cette Maifon, la branche d'Albert, & la branche d'Erneft.

Celles d'*Albert* eft la branche régnante aujourd'hui.

Autrefois la branche de *Saxe Weiffenfels* avoit : 1. Weiffenfels : 2. Querfurt : 3. le Comte de Barby, qui a plufieurs Terres dans la Thuringe, ce qui eft tombé après leur mort à la maifon Electorale.

Saxe Merfburg, avoit jadis Merfburg, & partie de la baffe Luface ; l'Electeur en a hérité.

Saxe *Zeitz* avoit Naumburg, partie du Voigtland, troifième partie du Comté de Henneberg ; l'Electeur en a hérité également.

La Ligne d'Albert contient :

Saxe Weymar, dont les biens font : 1. dans la Thuringe : 2. dans le Comté Henneberg : 3. dans le Altenburg.

Saxe Eifenach ; cette branche eft éteinte : elle avoit fes biens dans la Thuringe & dans le Henneberg.

Ligne de Saxe Gotha : I. dans la Thuringe, l'Ofterland & le Coburg en partie : II. Saxe Meinungen dans le Henneberg : III. Saxe Hildeburghaufen dans le Coburg : IV. Saxe Saalfeld, en Thuringe, dans le Coburg.

4. Les Marquis ou Marggraves de Brandebourg fe divifent en deux lignes.

Brandbourg Bayreuth : 1. en Franconie : 2. dans le Voigtland.

Anfpach : 3. en Franconie & dans la Wétéravie : 4. le Comté de Geyer, dans l'Anfpach : 5. Les Ducs de Brunfwic & Lunéburg poffédent le Duché de Brunfwic. 6 : Les Ducs de Mecklenburg poffédent. 1. Schwerin : 2. Strelitz : 7. Les Ducs de Wurtemberg poffédent : 1. le Duché de Wurtemberg : 2. le Comté de Montbeilliard : 3. la Principauté d'Oels : 8. Les Landgraves de Heffe : font Heffe Caffel, Heffe Rheinfels, Heffe Darmftat, Heffe Homburg : 9. Les Margraves ou Marquis de *Baden* : leurs Terres font la Principauté de *Baden*, partie en Bohême & partie en Suabe : 10. Les Ducs de Holftein, dont les terres font dans la baffe Saxe & dans le Oldenburg, Delmenhorft : 11. Les Princes d'Anhalt, dont les poffeffions font dans la haute Saxe, dans le Oldenburg & dans la Wétéravie : 12. Les Ducs de Lorraine.

B ij

Les nouveaux Princes d'Allemagne ou de l'Empire.

Les uns ont voix & féances à la Diéte, les autres ne l'ont point encore. Les nouveaux Princes de l'Empire qui ont voix & féance à la Diéte, font: 1. Les Ducs d'Aremberg, qui ont leurs terres dans l'Eiffel & dans le Brabant: 2. les Princes de Hohenzollern, en Suabe & dans les Pays-Bas: 3. Prince de Lobkowitz, en Siléfie & dans le haut Palatinat: 4. les Princes de Salm, dans le Weftrich & dans le Comté de Zutphen: 5. Princes de Dietrichftein, en Moravie: 6. les Princes de Naffau, dans la Wétéravie & dans le Weftrich le Comte Spiegelberg: 7. les Princes d'Averfberg, dans le Carniol, la Suabe, la Siléfie: 8. les Princes d'Oftfrife, éteints; aujourd'hui au Roi de Pruffe: 9. Princes de Furftenberg, en Suabe & en Autriche: 10. Princes de Scwarzenberg, en Franconie, en Suabe & en Bohême: 11. Princes Lichtenftein, en Suabe & en Siléfie: 12. Piccolomini, en Bohême: 13. de Portia, en Carinthie.

Ceux qui ne font pas encore introduits dans le Collége des Princes, font: 1. Le Prince Waldeck, en Weftphalie: 2. P. d'Oettingen, en Suabe: 3. P. de Schwartzenburg, en Thuringe: 4. P. la Tour Taxis dans les Pays-Bas & dans la Suabe: 5. P. Mansfeld & Fondi: 6. P. Lamberg: 7. P. Trautfohn: 8. P. Lœwenftein Werthheim, en Suabe, en Franconie & Eiffel: 9. P. Solmsbraunfels, en Wétéravie & en Weftrich: 10. P. de Stollberggeudern: 11. P. d'Ifenburgbirftein, en Wétéravie: 12. P. de Hohenloo, en Franconie: 13. P. de Kinsky en Bohême: 14. P. de Hatzfeld, en Franconie & en Siléfie.

Les Comtes de l'Empire fe divifent en Banc de Wétéravie, Banc de Suabe, de Franconie & Banc de Weftphalie.

Banc de Wétéravie.

Ces Comtes font: 1. Celui de Berg, dans les Pays-Bas: 2. de Hanau, dans la Wétéravie, éteint; aujourd'hui à Heffe Caffel & Darmftat: 3. de Hatzfeld, en Wétéravie: 4. d'Ifenburg, en Wétéravie: 5. de Linnange, dans le Palatinat & la Wétéravie: 6. Mansfeld en Thuringe: 7. de Naffau; *voye*z Princes de Naffau: 8. d'Ortenburg, en Baviere: 9. de Reuffen, dans le Voitgland: 10. de Soyn & Witgenftein, en Wétéravie & Bergue: 11. de Schonburg, en Saxe, Cercles des métaux: 12. de Solrrs, en Wétéravie, Mifnie, Baffe Luface & Weftrich: 13. Stolberg, en Thuringe: 14. Waldeck en Wétéravie: 15. Wartenberg: 16. Wildgrafen & Rheingrafen, dans le Palatinat & Wefterich.

Les Rheingrafen font les Comtes établis le long du Rhin.

Les Wildgrafen étoient dans les terres & dans les Forêts, d'où viennent les Comtes de Salm.

Banc de Suabe.

1. Les Barons de Freyberg ou Friedberg, en Suabe, Juftingen: 2.

Les Comtes Fugger, en Suabe : 3. Graveneck, éteints ; acheté par le Comte de la Tour Taxis : 4. Hohenembs, dans le Rheinthal, sur le Rhin, au-deſſus du Lac de Conſtance : 5. Konigſeck, en Suabe : 6. Hohenwaldeck, Maxelrain ; éteint : 7. Montfort, ſur le Lac de Conſtance : 8. d'Oettigen, en Suabe : 9. Pappeinheim : 10. Rechberg, en Suabe : 11. Schlik, en Bohême : 12. Sintzendorf, Cologne : 13. Stadian, en Suabe ; ils ont acheté le Comté de Tanhaüſen : 14. Tilly, éteint : 15. Traun & Abenſperg, en Autriche & dans la Suabe : 16. Trautmansdorf, en Bohême : 17. Waldpurg, en Suabe : 18. Waldſtein, en Bohême : 19. Weiſſenwolf, en Carinthie : 20. Wolkenſtein, en Suabe : 21. de Leyen & Geroldſeck, en Suabe.

Banc de Franconie.

1. Les Comtes de Caſtell : 2. d'Erpach : 3. de Giech : 4. de Grævenitz : 5. de Hohenlœ, en *Franconie* & en *Thuringe* : 6. de Noſtitz : 7. Puckler 8. Schenborn, en *Franconie* : 9. Stahrenberg, en *Autriche* : 10. d'Urſin & Roſenberg : 11. Lœwenſtein & Wertheim, *en Franconie*, en *Suabe* & *Eiffel* : 12. Windiſchgrætz : 13. Wolfſtein : 14. de Wurmbrand, en *Franconie*.

Banc de Weſtphalie.

1. Les Comtes de Bentheim, Tecklenburg & Steinfurth : 2. Kaunitz-Ritberg : 3. les Burggrafes de Kirchberg, en Wétéravie & Thuringe : 4. Limpurg : 5. Lippe : 6. Manderscheid, Eiffel & Palatinat : 7. de Mark dans l'Eiffel : 8. Metternicht, Hunſruck & Weſtphalie : 9. Neſſelrod & Reichenſtein, en Weſtphalie : 10. Oſtein : 11. Platen, Hanover : 12. de Plettenberg : 13. Ranzau : 14. Reckheim & Aſpremont, en Weſtphalie : 15. Salm & Reifferſcheid dans l'Eiffel : 16. de Vehlen : 17. Comtes & Barons de Waldpottpaſſenheim : 18. de Wied, en Wétéravie.

Il y a pluſieurs autres Comtes d'Empire qui ne ſont pas de la Diéte & qui n'ont ni voix ni ſéance.

Les principaux ſont : 1. les Comtes d'Ahlefeld, en Dannemarc : 2. Aichpuhl : 3. Altenburg : 4. Althan ou Altheim en Autriche : 5. Andlern : 6. Averſberg ; la branche aînée à titre de Prince : 7. de Bær, Erblanddroſte, à Oſnabruk : 8. Baſſewitz, dans le Holſtein : 9. de Bers : 10. de Bothmar : 11. de Breuner : 12. de Broune, en Autriche : 13. Bruhl en Saxe : 14. de Bunau : 15. Callenberg : 16. Clari & Altringen, en Bohême : 17. Cobenzi : 18. de Colonna & Fels : 19. Colloredo : 20. Czernin ou Tſchernin, Bohême : 21. de Daun, Autriche : 22. Degenfeldſchænburg : 23. Donhoff, Pruſſe, Pologne, Lithuanie : 24. les Burggraves & Comtes de Dohna : 25. Eberſtein : 26. Eltz, Trèves : 27. Engl. de Wagrin : 28. Fink de Finkenſtein, à Berlin : 29. Flemming, en Saxe : 30. Frieſe en, Saxe : 31. Funfkirchen, en Autriche : 32. Gallatſch, dans le Trentin : 33. Gersdorff, Saxe : 34. Geyerſberg, Autriche : 35. Hamilton : 36. Hardegg, Autriche : 37. Harrach, *idem* : 38. Henkel, haute Siléſie : 39. Hennecke, Saxe : 40. Herbeꝛſtein, Stirie : 41. Hochberg, en Siléfie : 42. Hohenfeld, Autriche : 43. Hollſtein , Dannemarc : 44. Holtzendorff, Saxe : 45. Hoym , idem : 46. S. Julien , à Vienne : 47. Kevenhuller , en Carinthie : 48. Kinzky , Bohême : 49. Konigsfeld : 50. Kolowrath, Bohême : 51. Kornfail & Weinfelden : 52. Kottulinſ- ky : 53. Kuffſtein , Tyrol : 54. Kunigi, idem ; 55. Lamberg : 56. Laſ- berg : 57. de la Leyen : 58. Lynar, baſſe Luſace : 59. Malzan , en Si- léſie : 60. Manteuffel , Pologne , Poméranie & Curlande : 61. Martinitz , Bohême : 62. Merode , pays de Juliers : 63. Metſch , en Saxe : 64. Mol- lart : 65. Morzni, Bohême : 66. Munnich , Moſcovie , Siléſie : 67. de Natte, Holſtein : 68. Neidhard, en Siléſie : 69. Orlick & Laziska : 70. Paar : 71. Pergen : 72. Podſtatzky : 73. Promnitz , baſſe Luſace : 74. Proskau , Siléſie : 75. de Queſtenberg : 76. Ranzau : 77. Rappach , en Autriche : 78. de Reder , Siléſie : 79 , Reichenbach : 80. Reventlau, Si- léſie : 81. Schafgotſch , Bohême & Siléſie : 82. de Schmettau : 83. de Schonaich , en Siléſie : 84 , Schrattenbach , Autriche : 85. Schulenburg : 86 , Schwerin , en Pruſſe, Poméranie & Marck : 87 , Seckendorff, en Saxe : 88. Secau : 89. Seilern : 90. Sponeck : 91. Sternberg, en Bohême : 92 , Strattman , en Siléſie : 93. Tettenbach , en Baviere : 94. Thurheim, Autriche , Baviere : 95. de Thun : 96. de Thurn & Valſaſſina : 97. de Thurn , ou della Torre : 98. de Tœrring en Baviere : 99. Tramp : 100. Uhlefeld : 101. Virmond : 102. Vitzthum , Saxe : 103. Wagenſperg, Autriche : 104. Wartenfleben, baſſe Saxe, Marck : 105. Watzdorff, Saxe : 106. Welz ou Welzer : 107. Werther : 108. Wiſer : 109. Wra- tiſlau, Bohême : 110. Wurben, Bohême : 111. Zech , Saxe : 112. Zin- zendorf, & Potiendorf, idem & Autriche.

Les Villes Impériales.

Ces Villes ont voix & ſéance à la Diéte, relevent immédiatement de l'Empereur & lui ſont ſoumiſes : on les diviſe en Banc du Rhin & en Banc de Suabe.

Banc du Rhin.

Celles du Banc du Rhin ſont : 1. Aix-la-Chapelle : 2. Bremen : 3. Cologne : 4. Colmar, aujourd'hui au Roi de France : 5. Dortmund : 6. Francfort , ſur le Mayn : 7. Friedberg : 8. Gelnhauſen : 9. Goſlar : 10. Hagenau, au Roi de France : 11. Hambourg : 12. Landau , au Roi de France : 13. Lubeck : 14. Mulhauſen : 15. Munſter , Val S. Grégoire, au Roi de France : 16. Nordhauſen : 17. Obernheim, au Roi de France : 18. Rosheim : 19. Spier : 20. Straſbourg , au Roi de France : 21 , Weiſſen- burg : 22. Wetzlar : 23. Worms : 24. Turckheim.

Banc de Suabe.

1. Aalen : 2. Augſburg : 3. Biberach : 4. Bopfingen : 5. Buchau : 6. Buchheim : 7. Buchhorn : 8. Donauwerth, depuis 1714 de Baviere : 9. Dunkelſpiel : 10. Eſlingen : 11. Gemund, en Suabe : 12. Gen-

genbach : 13. Giengen : 14. Hall , en Suabe : 15. Heilbrun : 16. Isny : 17. Kaufbeuren : 18. Kempten : 19. Beutkirchen : 20. Lindau : 21. Memmingen : 22. Nordlingen : 23. Nurnberg : 24. Offenburg , sous la protection de la Maison d'Autriche : 25. Pfullendorff : 26. Ravensburg : 27. Ratisbonne : 28. Reutlingen : 29. Rotenburg , sur la Tauber : 30. Rotweil : 31. Schweinfurth : 32. Ueberlingen : 33. Ulm : 34. Wangen : 35. Weill , 36. Windsheim : 37. Weissembourg, dans le Nordgau, *au Roi de France* : 38. Wimpfen : 39. Zell.

Les Villages de l'Empire sont , Suffelheim , Gadranstein , Cham , Ulechles & quelqu'autres , en Franconie : ils relevent immédiatement de l'Empereur. Les Peuples libres de Meglotz & ceux des Bruyéres de l'Eutkirch sont aussi de ce nombre.

La Noblesse de l'Empire releve immédiatement de l'Empereur : elle jouit de grands priviléges : elle se divise en Noblesse de Franconie , de Suabe & du Rhin.

Chaque Etat de l'Empire donne son contingent pour former les armées. Ils payent les mois Romains, qui sont de 83964 florins, ou de 209910 liv.

Presque chaque Etat a droit de battre monnoie ; aussi y en a-t-il sans nombre.

L'Empire d'Allemagne a des prétentions , 1. sur le Royaume d'Italie : 2. sur la Ville de Rome : 3. sur le patrimoine de S. Pierre : 4. sur Parme & Plaisance : 5. sur Commachio : 6. sur le Royaume d'Arelat : 7. sur l'Alsace : 8. sur la Hongrie , la Pologne , la Bohême , le Dannemarck , l'Angleterre , la Prusse & la Livonie.

On connoît les armes de l'Empire : C'est une Aigle éploïée à deux têtes, de Sable , sur un fond d'or : elle porte dans la serre droite une épée nuë & un sceptre d'or , & dans la gauche le Globe Impérial : au-dessus se voit la Couronne Impériale. Les armes de l'Empereur sont le mêmes ont pour supports deux Griffons d'or.

De la Division de l'Empire.

Autrefois l'Empire étoit divisé en haute & basse Allemagne. En 1437 l'Empereur Albert II. divisa à Lintz l'Empire en quatre Cercles. En 1500 Maximilian I. étant à Augsbourg , divisa l'Allemagne en six Cercles ; mais cette division ne contenta pas encore tout le monde. En 1512 le même Prince étant à Treves , divisa l'Empire en dix Cercles. En 1522 Charles V. ratifia cette division à Nurnberg : c'est celle que l'on suit actuellement.

Ces Cercles sont : I. le Cercle d'Autriche : II. de Baviere : III. de Franconie : IV. de Suabe : V. du haut Rhin : VI. du bas Rhin : VII. de Westphalie : VIII. de basse Saxe : IX. haute Saxe.

Le Cercle de Bourgogne n'est plus. Il faisoit autrefois le deuxième Cercle. Nous traiterons de la Bohême en place de ce Cercle , d'autant plus que ce Royaume est un Electorat.

Cercle d'Autriche.

Il contient le Carniol, la Carinthie, le Tirol, la Stirie, l'Autriche &
le Brisgau; s'étend d'Orient en Occident, faisant la lisiere méridionale
de l'Allemagne. Mayer en a donné la meilleure Carte.

Cercle de Baviere.

Il est arrosé par les riviéres de Saltza, de la Sala, dela Ziller, de l'Ens, de
la Muer & par le Danube. Il renferme : 1. l'Electorat de Bavierre : 2. l'Archevêché de Saltzburg : 3. le haut Palatinat : 4. le Duché de Neuburg : 5.
la Principauté de Sultzbach : 6. le Landgraviat de Leuchtenberg : 7. l'É-
vêché de Freysingen : 8. Ratisbonne : 9. Passau : 10. la Prévôté de Berchtolsgaden : 11. l'Abbaye de S. Emeran, à Ratisbonne : 12. les Abbesses de
Ober & Nider-Munster, à Ratisbonne : 13. l'Abbaye de Kaysersheim ou
Reisheim : 14. le Comte d'Ortenburg : 15. le Comté de Maxelrein,
Sternstein & Wolfstein : 16. les Seigneuries de Alt & Neufrauenhofen,
Breicteneck & Heydeck : 17. la Ville Impérialle de Ratisbonne.

Cercle de Franconie.

Il a pour Directeurs alternativement le Marquis d'Anspach Bayreuth
& l'Evêque de Bamberg. Les Etats qui le composent, sont : 1. l'Evêque
d'Aichstedt : 2. l'Evêque de Bamberg : 3. le Grand Maître de l'Ordre
Teutonique : 4. l'Evêque de Wurtzburg : 5. le Marquis de Brandbourg-
Culmbach : 6. le Marquis d'Ansbach : 7. Principauté de Coburg : 8.
Comté de Henneberg : 9. Principauté de Schwartzenberg : 10. les Comtes de Caffell : 11. Dernbach : 12. Erpach : 13. Geyer : 14. Gich : 15.
Gravenitz : 16. Hohenlohe : 17. Limpurg : 18. Nostitz & Reineck : 19.
Puckler : 20. Schonborn : 21. Stahrenberg : 22. Ursini de Rosenberg :
23. Werthein : 24. Windschgratz : 25. Wolfstein : 26. Wurmbrand :
27. Nurnberg : 28. Rotenburg : 29. Schweinfurt : 30. Windsheim :
31. Weiffenburg : 32. la Noblesse : 33. enfin quelques villages de l'Empire.

Cercle de Suabe.

La meilleure Carte de Suabe est celle de l'Atlas de la Société Cos-
mographique. Le Cercle de Suabe est borné à l'Orient par la Baviere, à
l'occident par l'Alsace, au Nord par la Franconie & au midi par la Suisse : il
a quarante-quatre lieues de large, & quarante-sept lieues de long. Les principales riviéres sont, le Danube, le Rhin, le Necker, le Lech, le Kocher,
l'Iller & la Blau, sans compter le lac de Constance & celui de Federsée.
Le pays est abondant en toutes sortes de denrées : on y trouve aussi des
mines d'argent & de fer.
Les Suabes sont de bonnes gens. Il s'est fait de singuliéres plaisan-
teries à leur égard. La Religion Catholique est en usage chez eux,
de même que la Luthérienne. Les Directeurs sont l'Evêque de Constance

tance & le Duc de Wurtemberg. Lors de la guerre de quarante, ce Cercle entretenoit 1660 Cavaliers, 7278 Fantaffins, d'où l'on peut conclure quelle eft fa force.

Les Etats de l'Empire qui ont des terres en Suabe, font: 1. l'Evêque d'Augfbourg: 2. l'Evêque de Conftance: 3. l'Abbé de Kempten: 4. le Prévôt d'Elwangen: 5. l'Abbé d'Elchingen: 6. l'Abbé de Wettenshaufen: 7. de Urfberg: 8. de Roggenburg: 9. de Irfingen: 10. de Munchröden: 11. de Ochfenhaufen: 12. de Marchtal: 13. Chuffenried: 14. de Weingarten: 15. de Weiffenau: 16. de Salmansweiler: 17. de Petershaufen: 18. de Gengenbach: 19. l'Abbeffe de Baindt: 20. de Buchau: 21. de Guttenzell: 22. de Hegenbach: 23. de Lindau: 24. de Rotenmunfter: 25. les Marquis de Baden: 26. les Princes de Furftenberg: 27. les Princes de Hohenzollern: 28. les Princes d'Oetingen: 29. les Ducs de Wurtemberg: 30. les Comtes de Lowenftein: 31. Limpurg: 32. Rechberg, 33. Oettingen: 34. Pappenheim: 35. Graveneck: 36. Tannhaufen: 37. Fugger: 38. les Barons de Freyberg: 39. les Comtes de Konigfeck, 40. de Fuftenberg, 41. de Waldburg: 42. de Traun: 43. de Montfort: 44. de Hohenems: 45. de Lichtenftein: 46. Thengen: 47. Sultz: 48. Geroldfeck: 49. Ville Impériale d'Aalen: 50. Augfpurg: 51. Biberach, 52. Bopfingen: 53. Buchau: 54. Buchhorn: 55. Dunckelspiel: 56. Eflingen: 57. Gegenbach: 58. Giengen: 59. Heilbrun: 60. Ifey: 61. Kauffbeuwern: 62. Kempten: 63. Leutkirch: 64. Lindau: 65. Memmingen: 66. Nordlingen: 67. Offenburg: 68. Pfulendorf: 69. Ravenfpurg: 70. Reutlingen: 71. Rotweil: 72. Gemund en Suabe: 73. Hall en Suabe: 74. Uberlingen: 75. Ulm: 76. Wangen: 77. Weil: 78. Wimpfen: 79. Zell: 80. la Nobleffe ou Chevalerie: & 81. quelques villages libres.

Cercle du haut Rhin.

Il eft arrofé par le Rhin, la Lahn, le Main & le Wefer. Il contient l'Evêché de Spire, de Worms, le Landgraviat de Heffe, les Princes d'Ifenburg, de Naffau, les Princes Palatins du Rhin, les Rheingrave, les Princes de Solms, de Waldeck, le Duc de Wurtemberg, Montbeilliard.

Cercle du bas Rhin, autrement dit Cercle Electoral.

Il eft partagé par le Rhin, contient le Palatinat du Rhin, l'Electorat de Mayence, l'Electorat de Treves, & l'Electorat de Cologne. Il y a quelques petits Etats dans l'Eifel.

Cercle de Weftphalie.

Il renferme les pays fitués entre le Rhin & le Wefer: l'Evêque de Munfter, l'Electeur Palatin, & l'Electeur de Brandbourg en font les Directeurs.

C

Il eſt compoſé de l'Evêché de Liege, de Munſter, d'Oſnabruck, de Paterborn, de l'Abbeſſe de Burſcheid, l'Abbé de Corvey, de Cornelien-munſter, l'Abbeſſe d'Eſſen, de Hervorden, l'Abbé de Stablo, & Malmedy, l'Abbeſſe de Munſterbilſen, de Thoren, l'Abbé de Werden. Plus, il renferme le Duché de Bergue, de Cleves, d'Engern, de Weſtphalie, de Juliers, la Principauté de Minden, Mœurs, le Comté d'Oſtfriſe, le Duché de Verden, le Comté de Bentheim Bronchorſt, Delmenhorſt, Diepholtz, Hoya, Limburgſtyrum, Lingen, Lippe, Manderſcheid, Marck, Metternicht, Mullendonck, Neſſelrode, Oldenburg, Paſſenheim, Plettenberg, Pyrmont, Ravenſberg, Ravenſtein, Reckeim, Rietberg, Schaefberg, Schauenburg, Spiegelberg, Steinfort, Tecklenburg, Velen, Virmont, la Ville Impériale d'Aix-la-Chapelle, Cologne & Dortmund.

Cercle de Baſſe Saxe.

Il eſt arroſé par la rivierre d'Aller, l'Elbe, l'Elde, l'Ilmenau, la Hamma, la Leine, l'Ocker & l'Oſte.

Ces Etats ſont: l'Evêché de Hildesheim, l'Evêché de Lubeck, le Duché de Brunſwich-Luneburg, Bremen, la Principauté de Halberſtadt, le Duché de Holſtein, de Magdebourg, de Mecklenburg, de Lavemburg; il renferme auſſi les Villes Impériales de Bremen, Goſlar, Hamburg, Lubeck, Mulhauſen, & Nordhauſen.

Cercle de haute Saxe.

Il eſt arroſé par l'Elbe, l'Oder, la Sprée, & pluſieurs autres petites rivierres.

Il renferme la Principauté d'Anhalt, l'Electorat de Saxe, le Landgraviat de Thuringe, le Marquiſat de Miſnie, de Luſace, de Brandbourg, & le Duché de Poméranie.

De la Bohême.

Jadis la Bohême contenoit la Bohême propre, la haute & baſſe Siléſie, la Moravie & la Luſace.

Aujourd'hui la Bohême, la Moravie, & une partie de la haute Siléſie appartient à la Maiſon d'Autriche, le reſte de la haute & baſſe Siléſie au Roi de Pruſſe.

La Luſace à l'Electeur de Saxe.

La Bohême eſt arroſée par l'Elbe, le Muldau, l'Eger & la Sazava, ſe diviſe en dix-ſept Cercles. Voyez au premier volume, page 56.

La baſſe Siléſie ſe diviſe en douze Principauté & trois Seigneuries.

La haute Siléſie ſe diviſe en ſept Principautés & deux Seigneuries. Voyez pag. 90 & 91. Tome II.

La Moravie se divise en six Cercles. Voyez Tome I. pag. 58.

De l'Election de l'Empereur.

Lorsqu'il s'agit aujourd'hui d'élire un Empereur, l'Archevêque de Mayence, en qualité de grand Chancelier de l'Empire, envoye un Gentilhomme à tous les Electeurs Ecclésiastiques & Séculiers, pour les inviter à s'assembler, afin d'élire un Empereur. S'il s'agit de l'élection d'un Roi des Romains, c'est-à-dire, d'un Coadjuteur à l'Empereur vivant, l'Archevêque de Mayence doit se faire autoriser pour cette convocation par les Etats de l'Empire, ou par les Electeurs. Ses lettres de convocation, pour élire un Empereur, sont portées par un Gentilhomme de sa Cour, accompagné d'un Notaire qui en prend acte. Cette convocation doit se faire dans le mois qui suit la mort de l'Empereur, & l'Archevêque indique ordinairement l'ouverture de l'assemblée dans trois mois & demi, après la date de ces Lettres. L'élection doit se faire à Francfort sur le Mein, suivant la Bulle d'or : cependant il y a eu des Empereurs élus à Ratisbonne. L'Empereur Joseph fut élu Roi des Romains en 1690. à Augsbourg.

Les Electeurs se trouvent en personnes à la Diète convoquée pour l'élection, ou bien ils y envoyent leurs Ambassadeurs, avec une procuration en forme. Suivant la Bulle d'or, les Electeurs ne peuvent mener à cette assemblée que deux cens chevaux, y compris cinquante gardes ; mais ce règlement ne s'exécute pas à la Lettre.

Suivant la Bulle d'or, la Diète électorale doit s'ouvrir le lendemain de l'arrivée des Electeurs. Cette Bulle prescrit la forme du serment qu'ils doivent faire, & veut que l'élection soit achevée dans un mois, à compter du jour qu'ils ont prêté le serment. Mais ils éludent ce réglement lorsqu'ils le veulent, prétendant que le tems qu'ils passent à délibérer sur différentes affaires, ne doit point être compté.

Enfin, lorsqu'ils sont convenus de celui qu'ils éliront, & qu'ils ont dressé la capitulation qu'ils veulent lui faire signer, ils déclarent qu'ils vont procéder à l'élection ; & alors ils suivent exactement ce que la Bulle prescrit. Sans la précaution qu'ils ont de protester d'abord qu'ils vont délibérer sur d'autres affaires, ils courroient risque d'être réduits au pain sec & à l'eau pour toute nourriture, comme le prescrit la Bulle d'or : car il se passe quelquefois cinq ou six mois, avant qu'ils procèdent à l'élection.

Lorsque les Electeurs sont d'accord sur le sujet qu'ils veulent élever à l'Empire, ils conviennent du jour qu'ils rendront l'élection publique. Ce jour-là ils vont le matin à l'Hôtel de Ville, où ils prennent leurs habits électoraux. Les trois Electeurs Ecclésiastiques portent des robes & des bonnets d'écarlate, doublés d'hermine ; & les Electeurs séculiers, des robes & des bonnets de velours cramoisi, doublés pareillement d'hermine. Ils montent à cheval pour aller à l'Eglise. Dans cette cavalcade, ils sont précédés par les Maréchaux héréditaires de leurs cours, qui portent

devant eux une épée. Ceux des Electeurs Ecclésiastiques la portent dans
un foureau garni d'argent doré ; & les Electeurs séculiers, dans un
foureau garni d'argent. Les Ambassadeurs des Electeurs absens font
dans leurs habits ordinaires : ils n'ont point d'Officiers qui les précédent,
& leur rang est après celui des Electeurs présens. Cependant les Adminis-
trateurs, ou Tuteurs des Electeurs mineurs, jouissent dans cette cérémonie, de tous les honneurs, comme s'ils étoient Electeurs eux-mêmes. Les
Electeurs trouvent dans le chœur de l'Eglise, leurs chaises disposées se-
lon le rang de chacun d'eux. Alors le Prélat qui doit officier, entonne
le *Veni Creator*, qui se chante en musique, pendant lequel, ainsi que du-
rant la Messe, les Maréchaux des Electeurs font debout devant eux, te-
nant l'épée couchée sur leurs épaules.

Après la Messe, les Electeurs s'approchent de l'Autel, & se tournent
vers les autres Princes qui font dans le chœur. L'Archevêque de Mayence
met l'Evangile entre les mains de l'Archevêque de Tréves, qui reçoit
son serment. Les autres Electeurs, chacun à leur tour, prêtent serment
entre les mains de l'Archevêque de Mayence. Tous jurent sur l'Evangile,
qu'ils donneront leur suffrage *sans aucune espérance de profit, pension, pro-
messes, récompense, ou autre reconnoissance, de quelque nature qu'elle puisse
être.* L'Archevêque de Mayence prend acte de ces sermens par deux No-
taires : les Princes & autres personnes de distinction, qui font dans le
chœur, servent de témoins. On chante encore le *Veni Creator* : puis les
Electeurs se retirent dans le lieu destiné pour faire l'élection, que le Comte
de Papenheim, Maréchal héréditaire de l'Empire, ferme à la clé, quand
ils ont pris leurs places. Alors l'Archevêque de Mayence recueille les
voix, commençant par l'Archevêque de Tréves, & finissant par le Comte
Palatin du Rhin : ensuite l'Electeur de Tréves demande l'avis de l'Archevêque de Mayence ; & la pluralité des voix décide de l'élection. Il
est à remarquer qu'un Electeur peut se donner sa voix à lui-même, si quelqu'autre Electeur lui a donné la sienne.

Autrefois, lorsque l'élection étoit faite, en attendant la cérémonie du
couronnement, on envoyoit à Rome, pour en donner avis au Pape, &
en obtenir la confirmation. Les Lettres que le Pape faisoit expédier, dis-
pensoient le nouvel Empereur de se rendre en Italie, pour y être couronné à Milan & à Rome, ainsi que les Papes prétendoient que les Empereurs y étoient obligés. Ces deux couronnemens furent abolis par les
Etats de l'Empire en 1338 & 1339. Cependant les Papes persistent à
exiger que l'Empereur vienne à Rome recevoir d'eux la couronne Impériale. C'est pour cela que depuis que les Empereurs se font dispensés de
faire ce voyage, les Papes ne les qualifient plus dans leurs Bulles & dans
leurs Brefs, que d'Empereurs *élus*. La cérémonie du couronnement se fait
aujourd'hui en Allemagne, & l'Empereur est souvent couronné le jour
même de son élection.

*Ceux qui voudront une Géographie beaucoup plus complette sur l'Allemagne,
pourront voir ma Géographie Universelle qui paroîtra cet Eté.*

TABLE
DU SECOND VOLUME.
DES CARTES.

AVIS.

On trouve chez l'Auteur des Cartes & des Plans de toutes grandeurs
& de tous Pays.

UN Atlas général *in-4.* de quatre-vingt-onze Cartes.
Un Atlas *fol.* contenant les quinze principales Cartes.
Un Atlas *fol.* contenant quatre-vingt-cinq Cartes.
Un autre, *fol.* de cent cinquante Cartes les plus néceffaires
Un autre, *fol.* contenant les Siéges & Batailles des Guerres de 1740.
Les Campagnes de 1733, 34. 35. fur le Rhin, *in-4.*
L'Hiftoire des Ifles de Gerfay, Guernefay ; *in-8.*
Les Côtes Maritimes de France en cinquante Cartes, *in-4.*
Toutes les Batailles de la préfente Guerre.
Plus, toutes les Cartes imprimées en Allemagne, en Italie, en Hollande & en
Angleterre.
Et des Eftampes Colorées pour les Optiques.
L'Ingénieur Moderne, un Traité des Mines du Camp de Compiegne en 1739.
Les attaques des Places par M. de Vauban.
Le Parfait Ayde de Camp, utile à tous les Militaires.

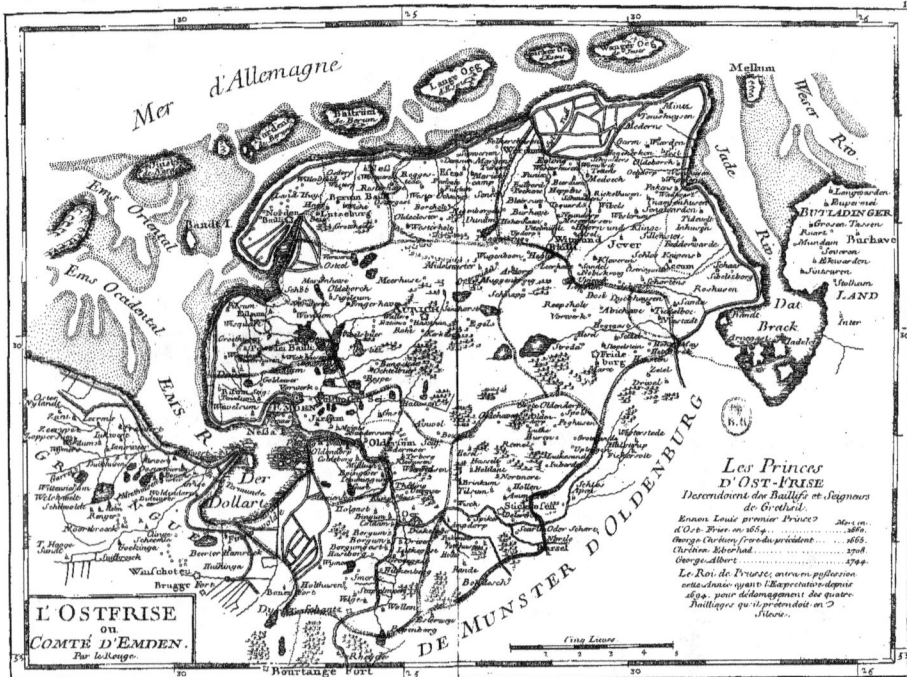

Mer d'Allemagne

Mer Ems Oriental

Ems Occidental

EMS R.

GRONINGUE

Der Dollart

L'OSTFRISE
ou
COMTÉ D'EMDEN.
Par le Rouge.

Bourtange Fort

DE MUNSTER D'OLDENBURG

BUTIADINGER
Purhave
LAND
Dat Brack

Jade Riv.

Weser Riv.

Mellum

Les Princes
D'OST-FRISE
Descendoient des Baillifs et Seigneurs
de Grethsil.
Ennon Louis premier Prince? . . . . . . Mort en
d'Ost-Frise en 1654 . . . . 1660.
George Christien frere du précédent . . . . 1665.
Christien Eberhard . . . . 1708.
George Albert . . . . 1744.
Le Roi de Prusse, entre en possession
cette Anuc ayant l'Expectative depuis
1694. pour dédomagement des quatre
Bailliages qu'il prétend doit en ?
Silesie.

Cinq Lieues

L'Évê: de Munster.

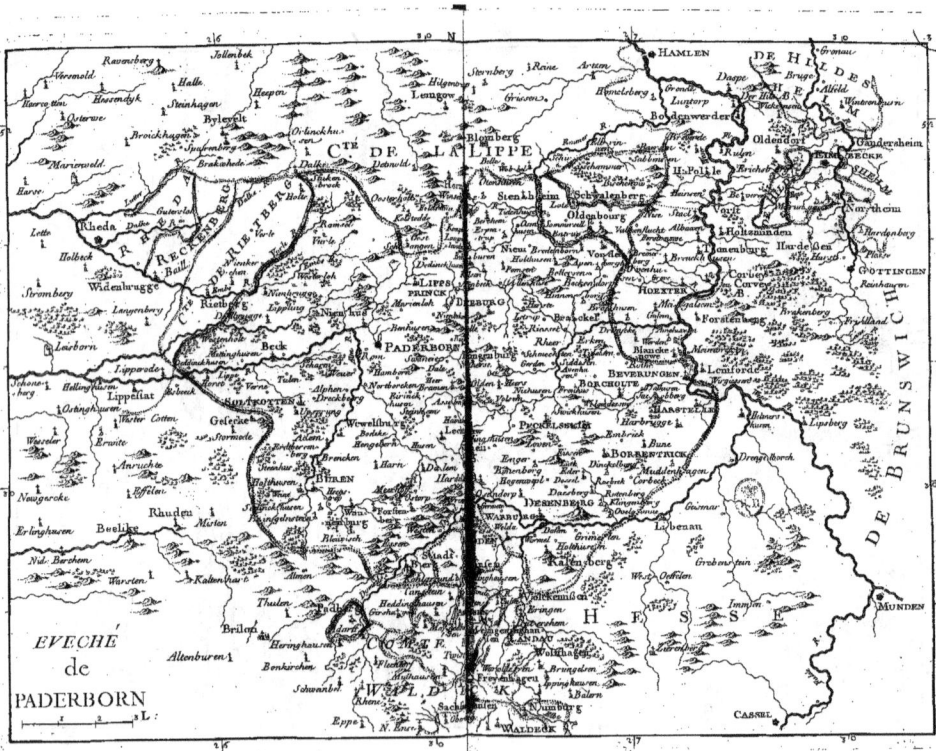

EVECHÉ
de
PADERBORN

ÉVÊCHÉ DE OSNABRUCK.

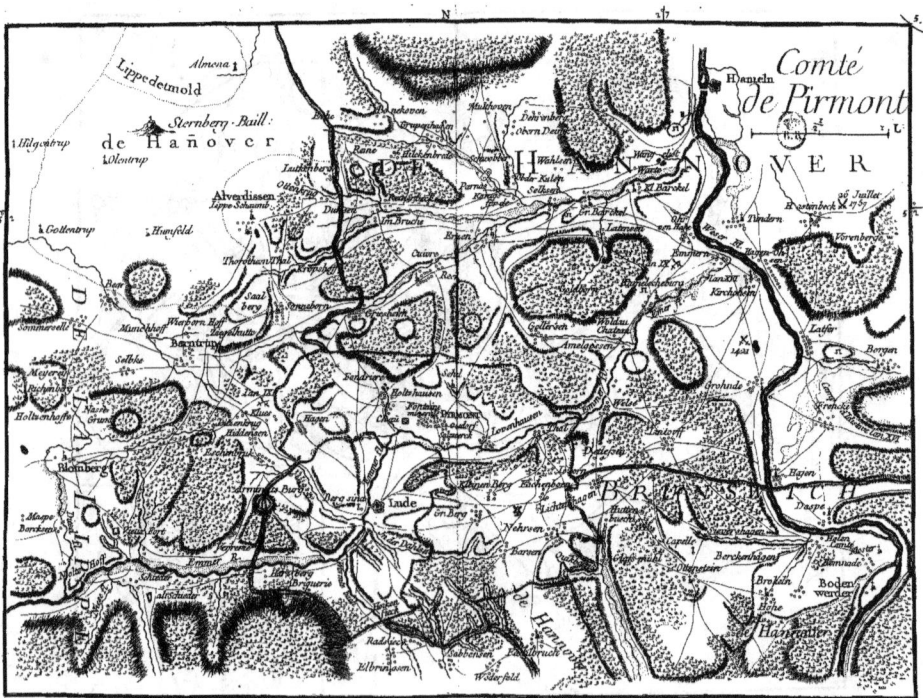

Comté de Pirmont

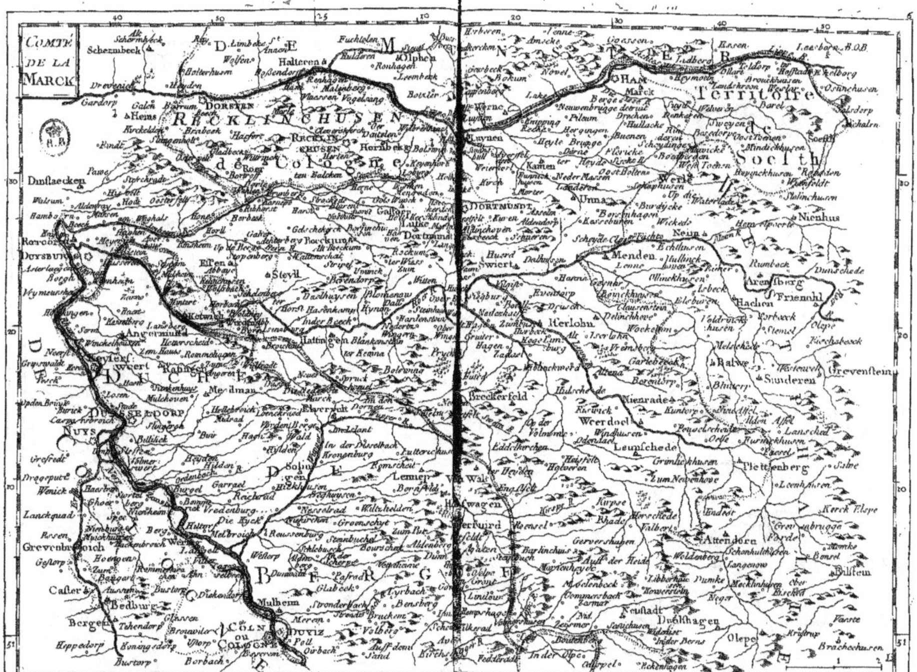

COMTÉ DE LA MARCK

RECKLINGHUSEN

de COLOGNE

DORTMUND

DUYSBURG

SEEDORP

CÖLN ou COLOGNE

TECTLOIRE

SOEST

Mulheim
Bedbur
Caster
Bergen
Heppendorp

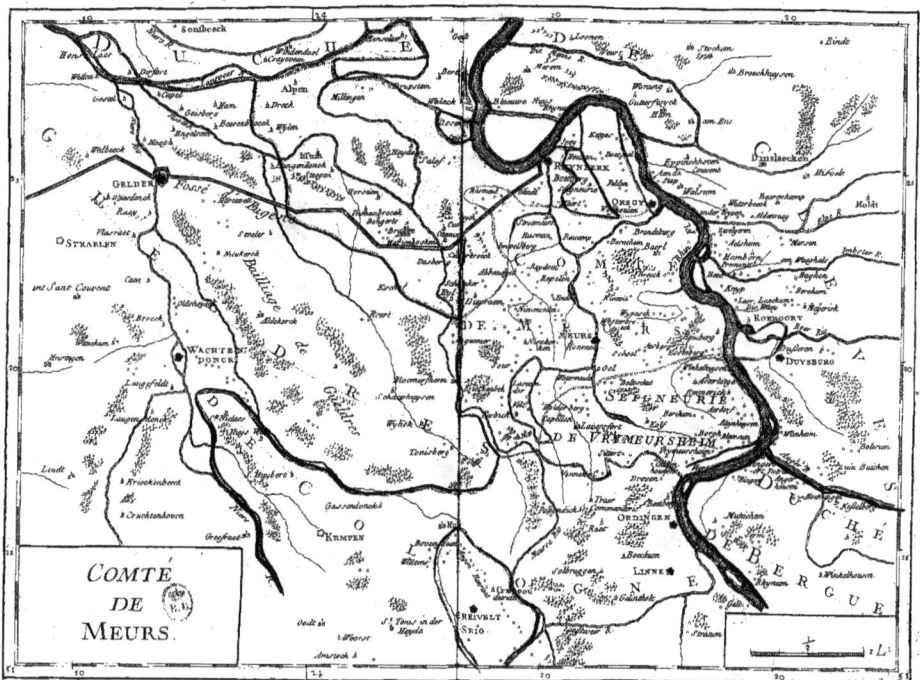

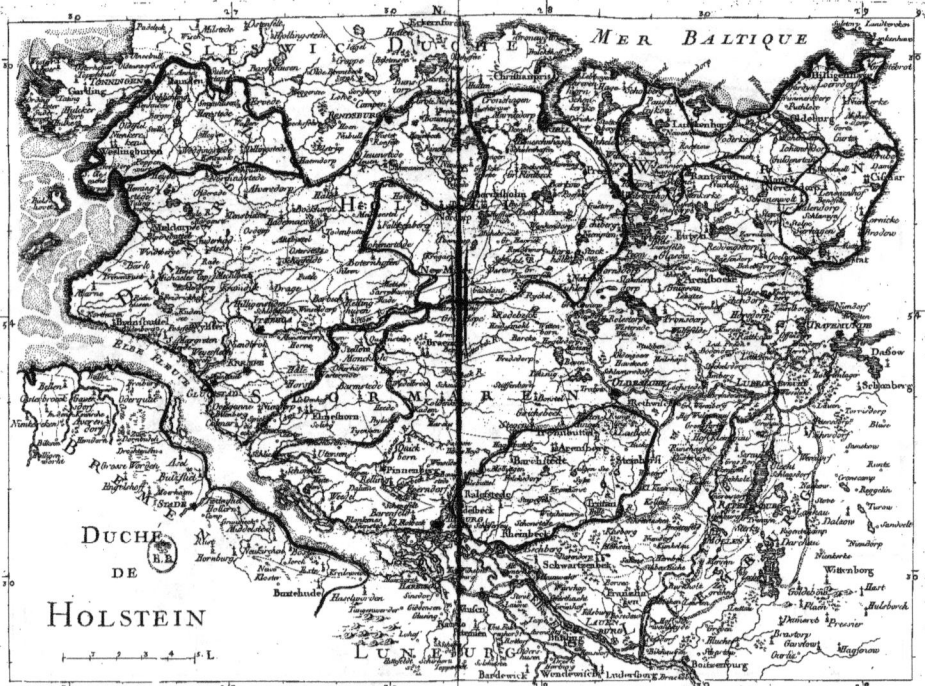

DUCHÉ

DE

HOLSTEIN

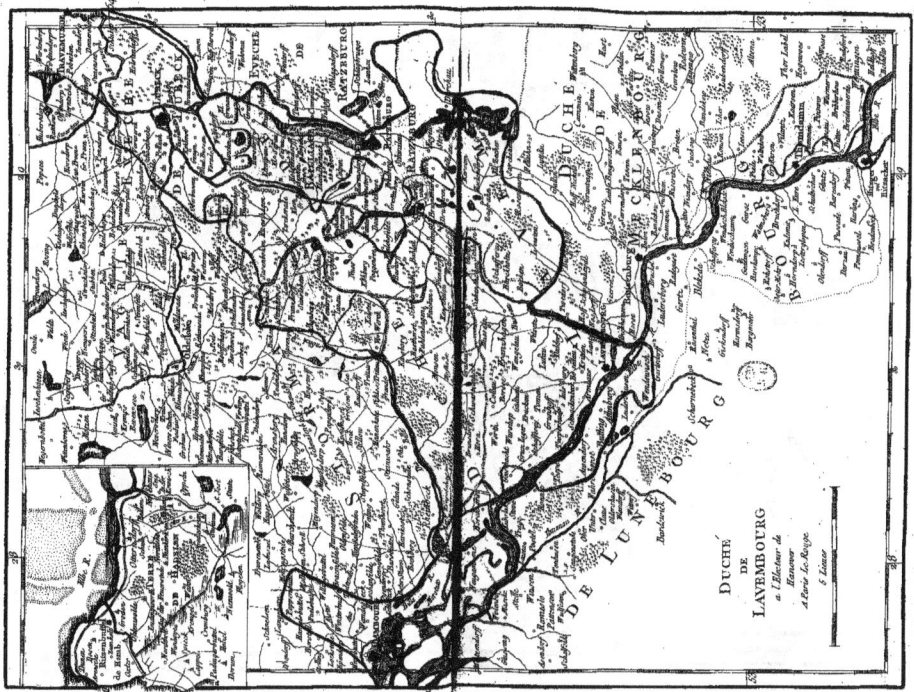

DUCHÉ
DE
LAVEMBOURG
a l'Electeur de
Hanover
A Paris Le Rouge
5 Lieües

MER D'ALLEMAGNE

DUCHÉ DE BREME

OLDENBOURG

DELMENHORST

C.té DE HOYA

LUNEBOURG

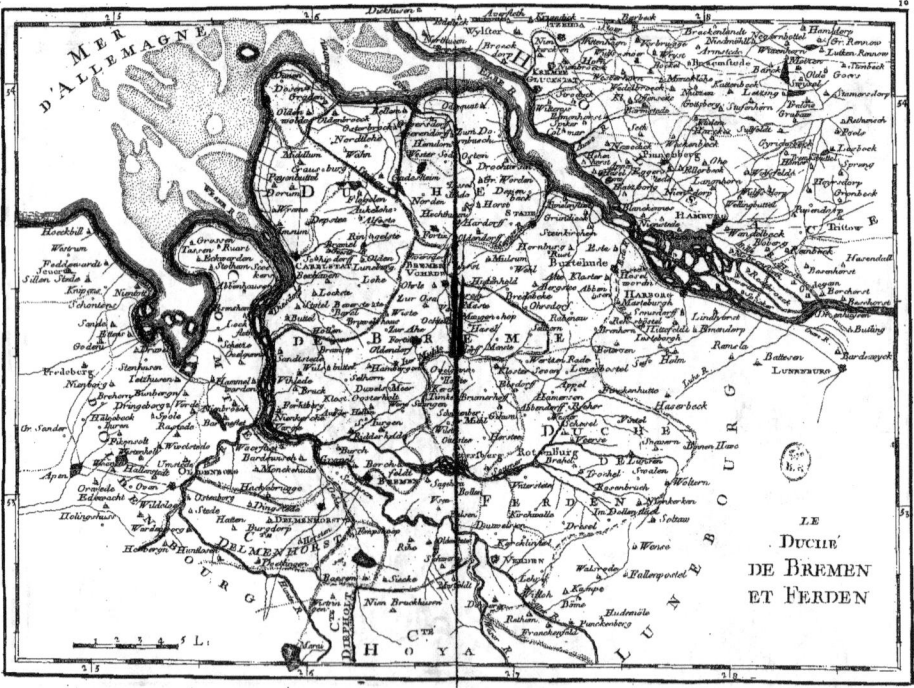

LE
DUCHÉ
DE BREMEN
ET FERDEN

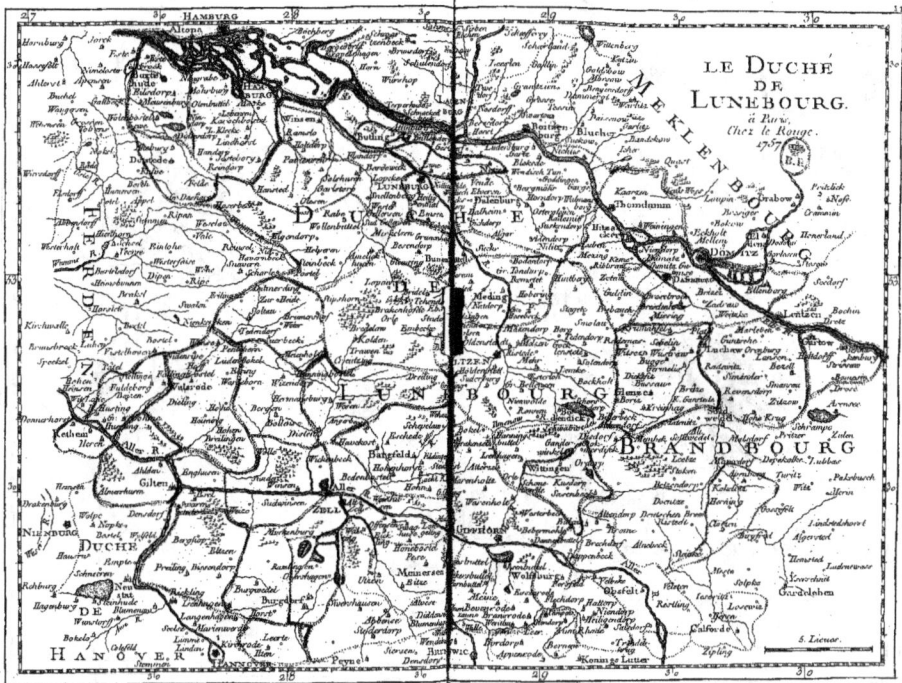

LE DUCHÉ
DE
LUNEBOURG.
à Paris,
Chez le Rouge.
1757.

ELECTORAT DE HANOVER

A PARIS
Chez Le Rouge.
1757

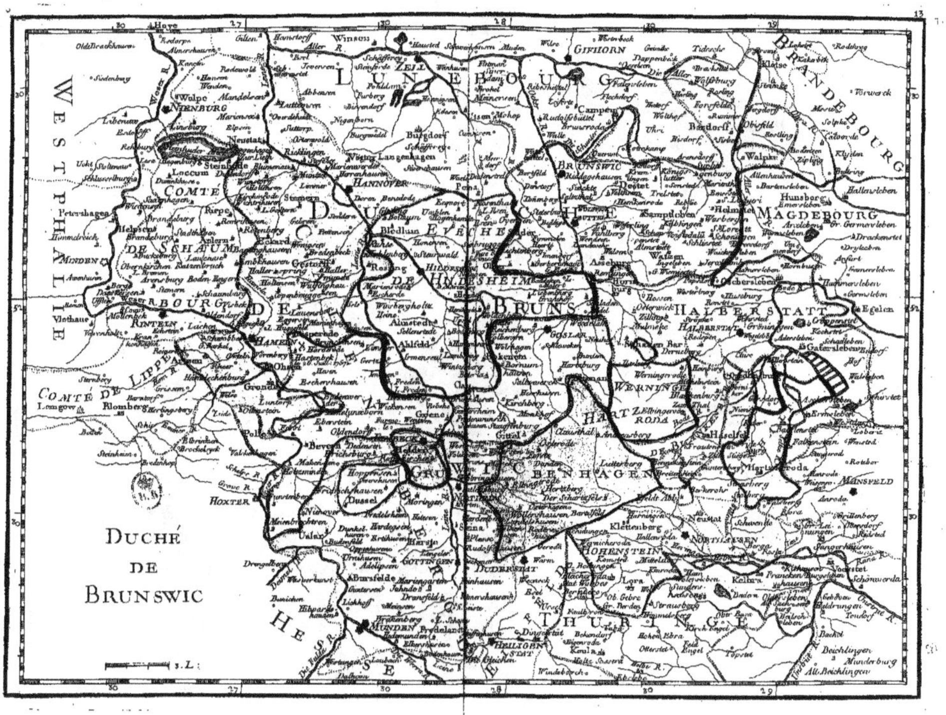

WESTPHALIE

LUNEBOURG

BRANDEBOURG

GIFHORN

BRUNSWIC

MAGDEBOURG

COMTE DE DESSHAUM

DUCHÉ D'EYCHFELD

HALBERSTATT

DUCHÉ DE HILDESHEIM

COMTE DE LIPPE

DE BRUNSWIC

WERNYN

HARTZ

HENHAGEN

DUCHÉ DE
BRUNSWIC

HOHENSTEIN

NORTHAUSEN

MÜNSFELD

THURINGE

HESSE

HEILLIGEN STAT

3. L.

13

EVECHÉ
DE
HILDESHEIM

MINES ET FOREST
DU HARTZ
a Paris
Chez le Rouge rue des ...

WERNINGERODE
ou
STOLBERG

Blocksberg
haut de 600 Perches

GOSLAR

Forest de Colin

Stolberg
Schwartzenburg
Blanckenburg

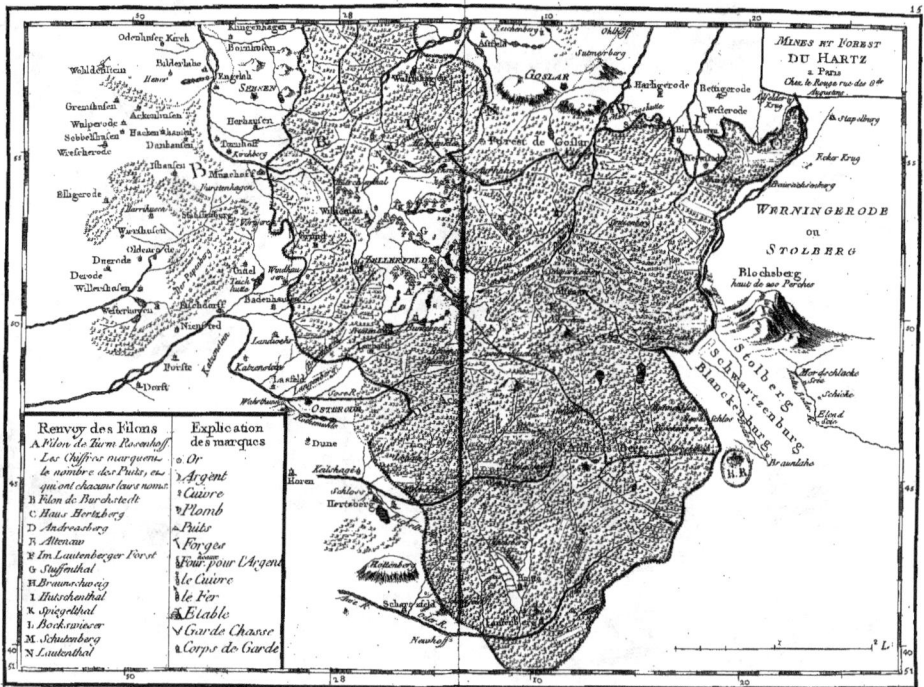

Renvoy des Filons
A. Filon de Burm Rosenhoff
Les Chiffres marquent
le nombre des Puits, ce
qui ont chacuns leurs noms.
B. Filon de Burchstedt
C. Haus Hertzberg
D. Andreasberg
E. Altenau
F. Im Lautenberger Forst
G. Stuffenthal
H. Braunschweig
I. Hutschenthal
K. Spiegelthal
L. Bockswieser
M. Schulenberg
N. Lautenthal

Explication des marques
○ Or
△ Argent
▽ Cuivre
▽ Plomb
◇ Puits
∀ Forges
Four pour l'Argent
le Cuivre
le Fer
Etable
Garde Chasse
Corps de Garde

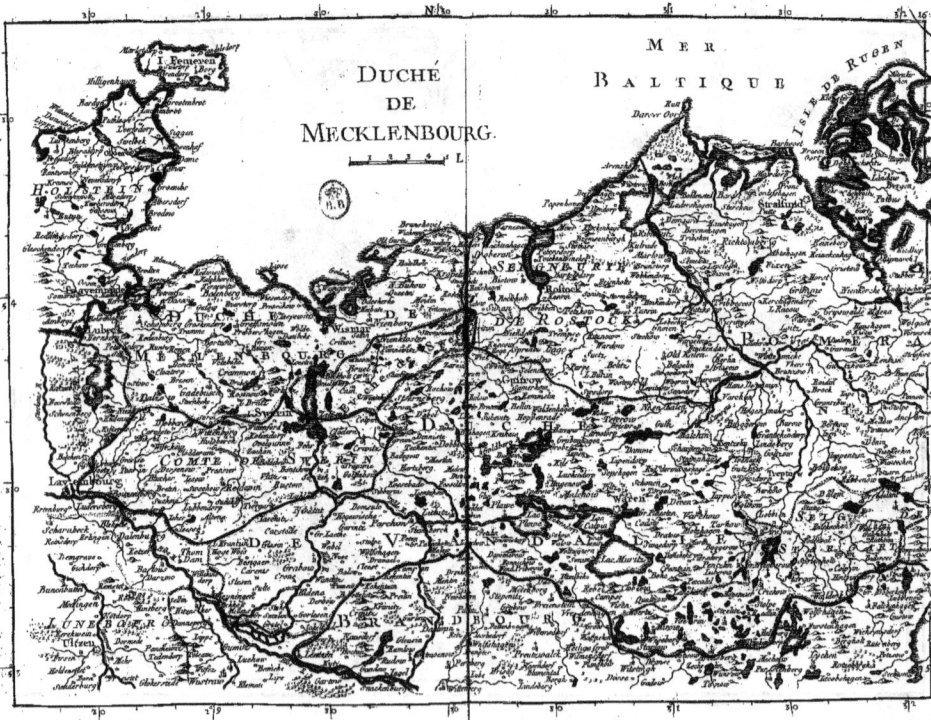

DUCHÉ
DE
MECKLENBOURG.

MER
BALTIQUE

DUCHE

SCHEPPENSTEDT

DE BRUNSWIG

DUCHE DE MGDEBURG

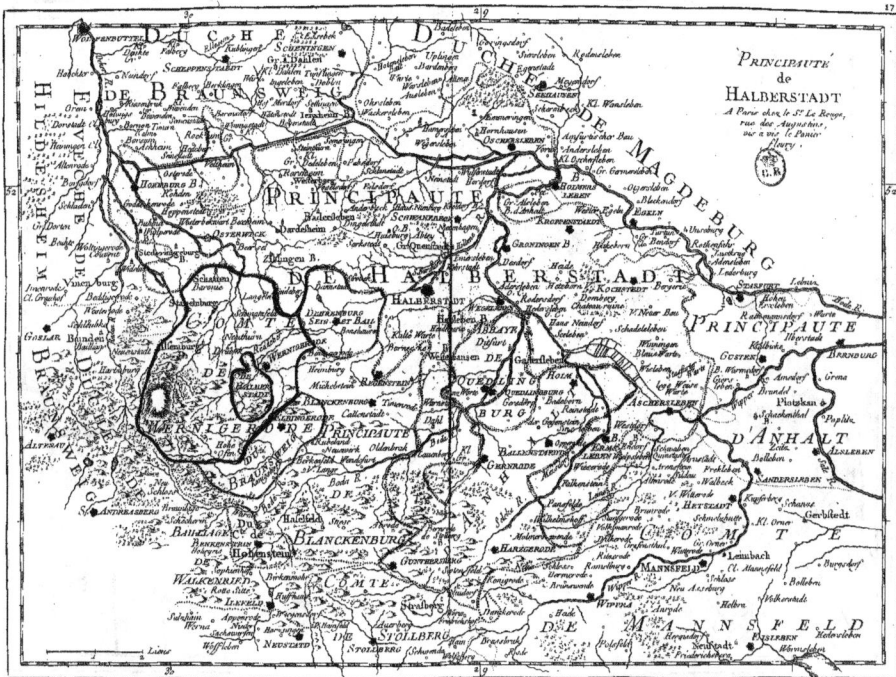

PRINCIPAUTE
de
HALBERSTADT
A Paris chez le Sr. Le Rouge,
rue des Augustins,
vis à vis le Panier
Fleury.

PRINCIPAUTE

DE HALBERSTADT

HALBERSTADT

COMTE

PRINCIPAUTE

D'ANHALT

QUEDLINBURG

ROM

ASCHERSLEBEN

WERNIGERODE

PRINCIPAUTE

DE

BRA

GERNRODE

HARZGERODE

MANNSFELD

HASELFELD

BLANCKENBURG

HOHENSTEIN

WALKENRIED

ILEFELD

COMTE

WIPPRA

COMTE DE MANNSFELD

DIE STOLLBERG

STOLLBERG

GOSLAR

BRUNSWIG

ALTSTADT

ANDREASBERG

BAUMLACKE

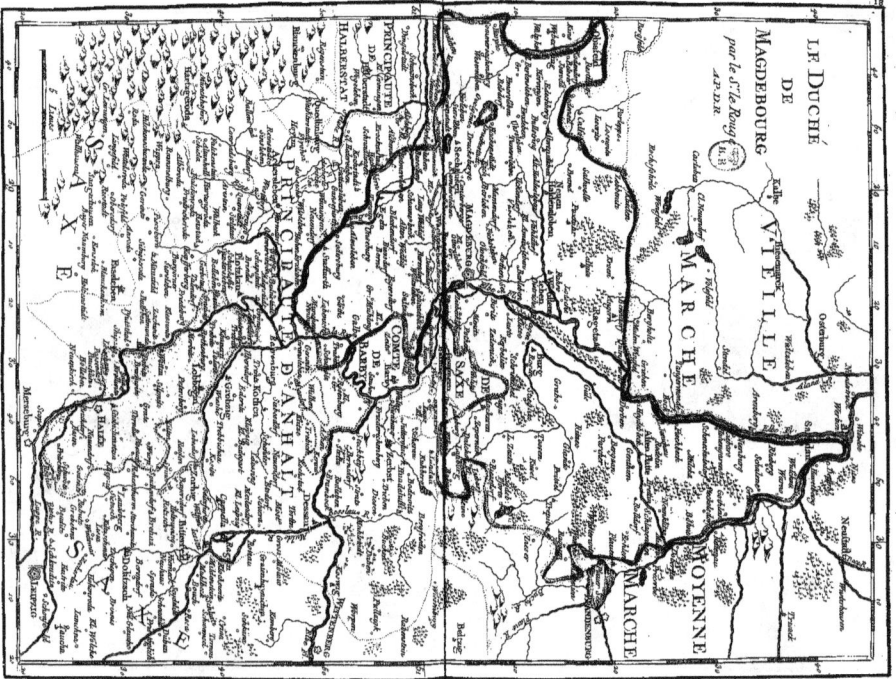

LE DUCHÉ
DE
MAGDEBOURG
par le S^r le Rouge
A.P.D.R.

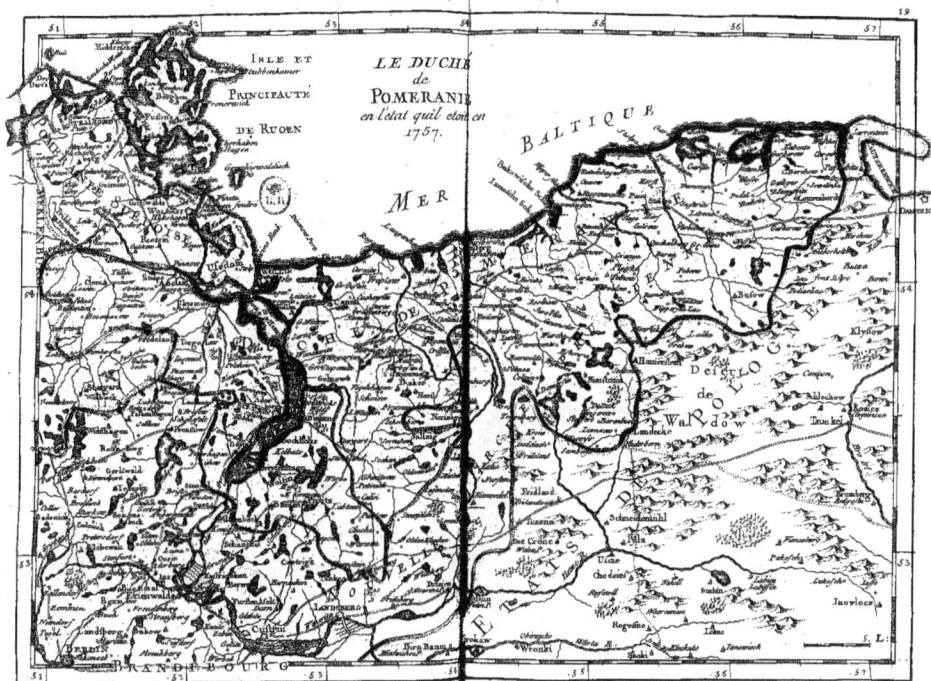

LE DUCHÉ
de
POMERANIE
en l'état qu'il étoit en
1757.

ISLE ET
PRINCIPAUTÉ
DE RUGEN

MER BALTIQUE

DUCHÉ DE POMÉRANIE

ÉTATS DE POLOGNE

Palatinat de POLOGNE
de
WALDOW

BRANDEBOURG

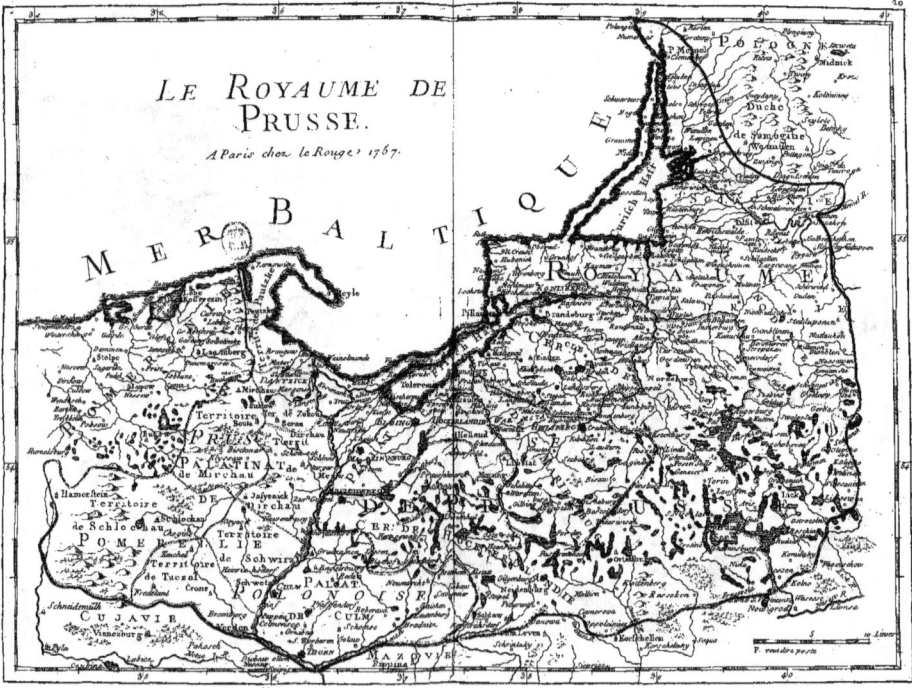

LE ROYAUME DE PRUSSE.

A Paris chez le Rouge, 1767.

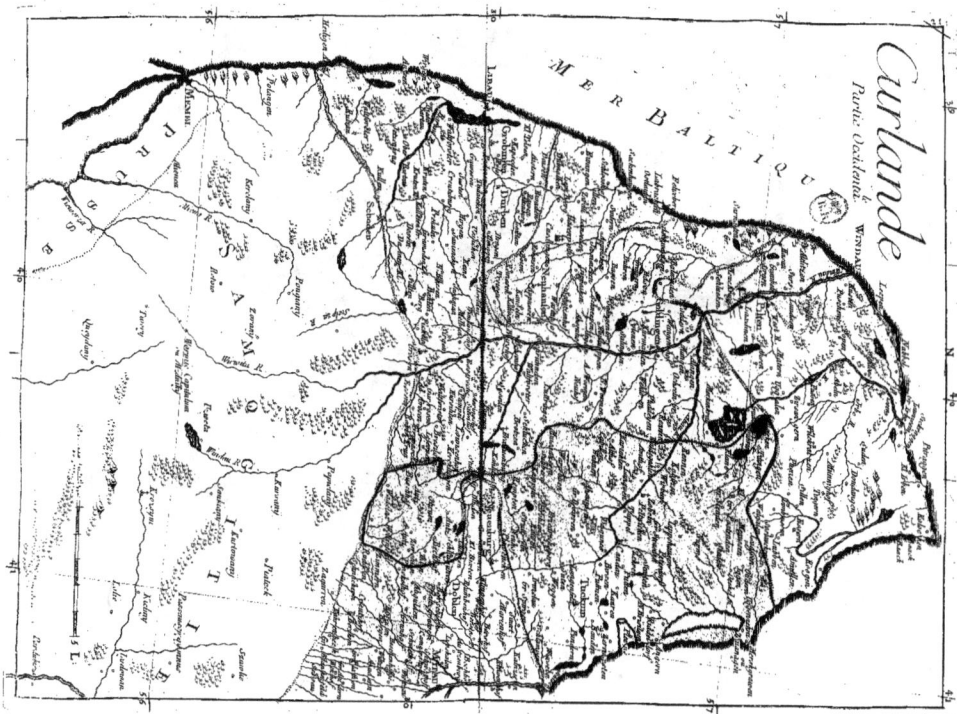

Curlande
Partie Occidentale

MER BALTIQUE

PRUSSE

SAMOGITIE

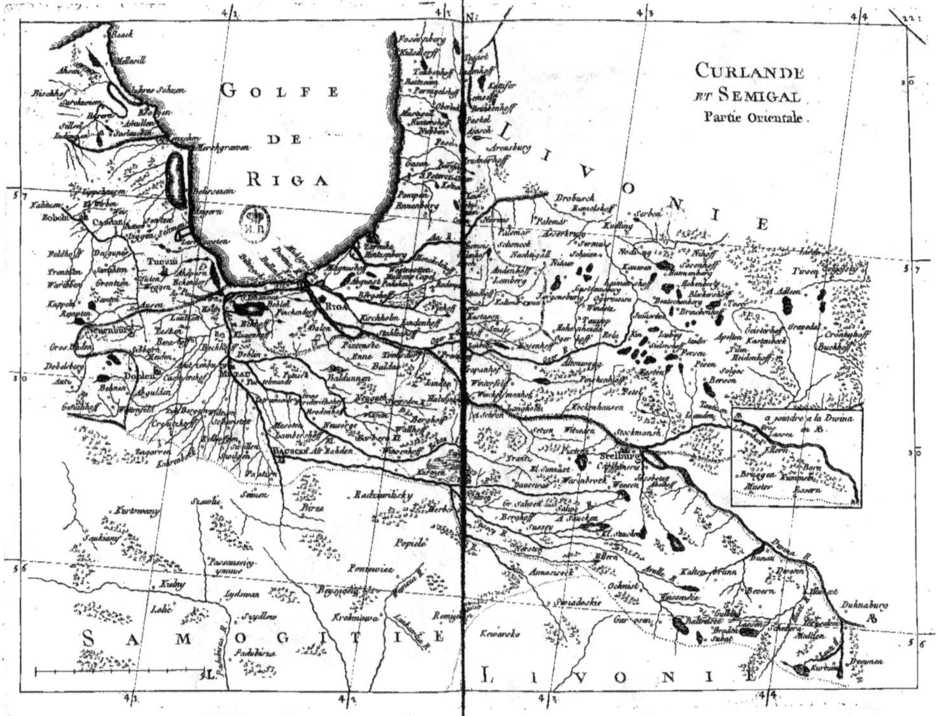

GOLFE

DE

RIGA

LIVONIE

LIVONIE

SAMOGITIE

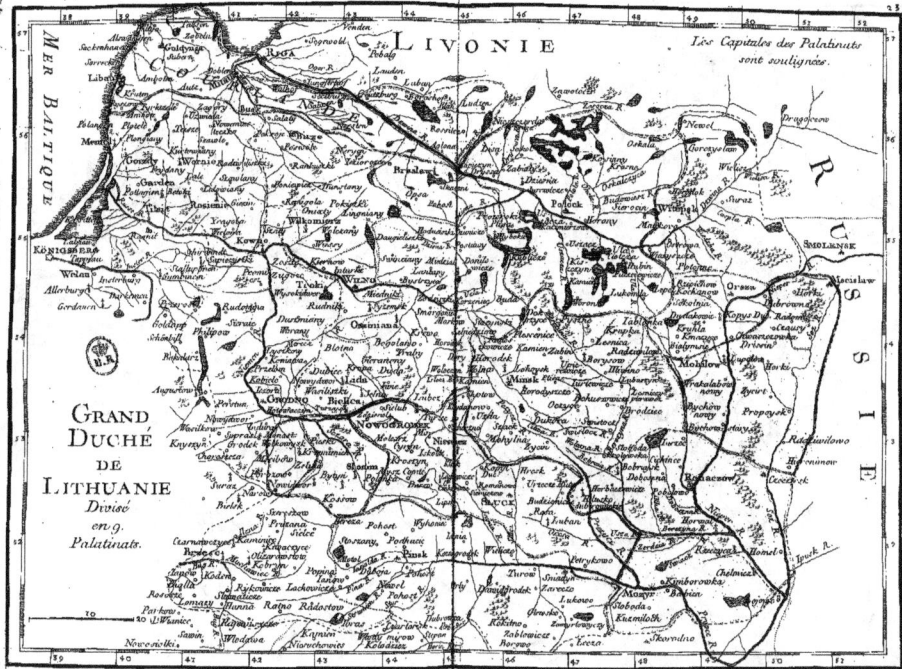

LIVONIE

MER BALTIQUE

R U S S I E

P R U S S E

KÖNIGSBERG

RIGA

SMOLENSK

VILNA

GRAND
DUCHÉ
DE
LITHUANIE
Divisé
en 9.
Palatinats.

NOWOGRODEK

GRODNO

HESSE

MUNSTER

PALATINAT DU RHIN

CERCLE
ELECTORAL
DU RHIN.

DE
LIMBURG

DE COLOGNE

L U X E M B O U R G

MAYENCE

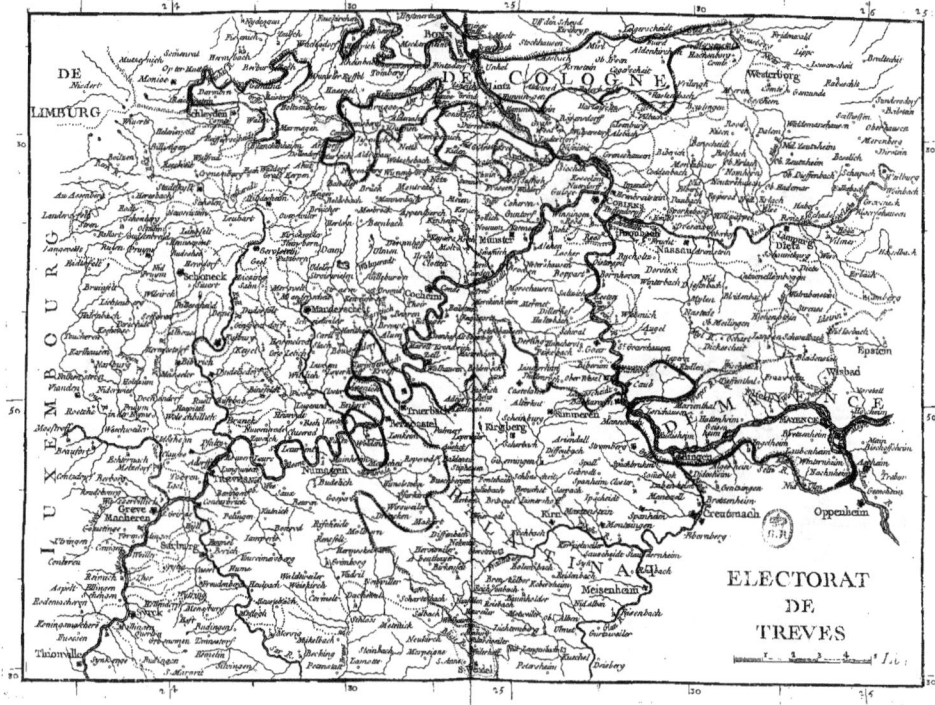

ELECTORAT
DE
TREVES

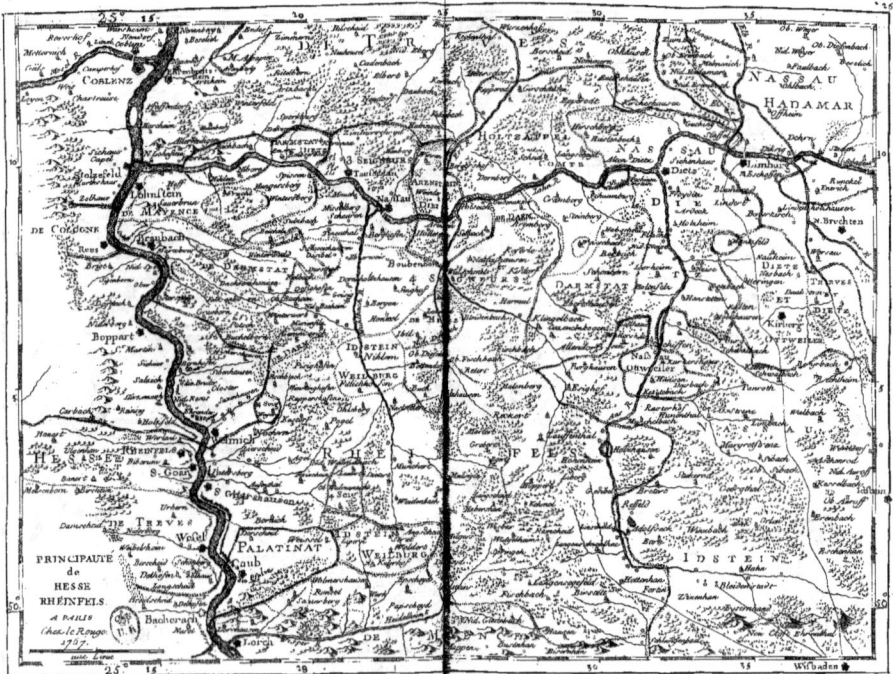

PRINCIPAUTÉ
de
HESSE
RHÉINFELS.

A PARIS
Chez le Rouge
1757.

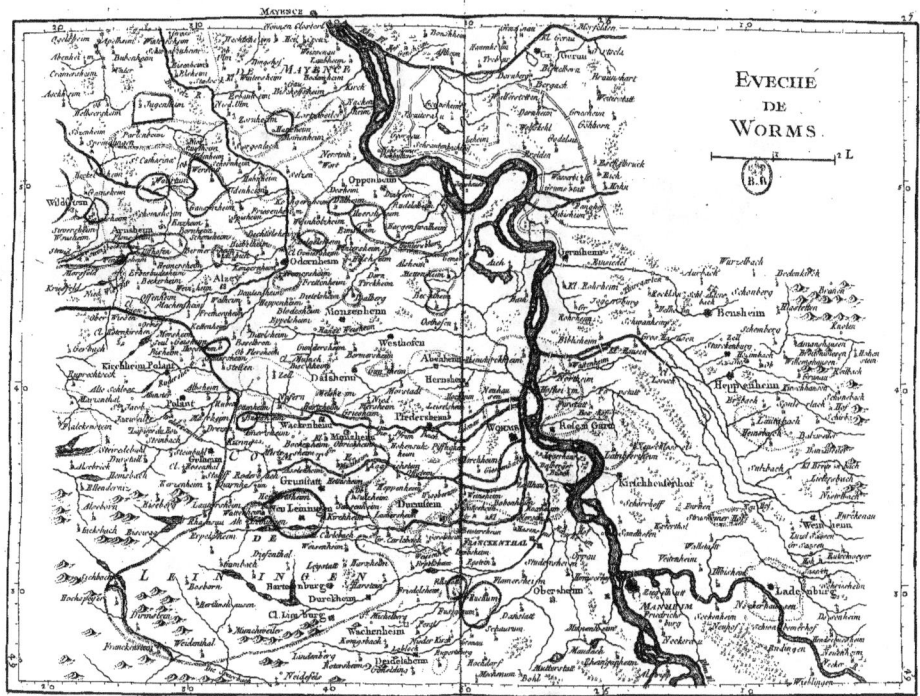

EVECHÉ
DE
WORMS.

Evéché
de
Spir.

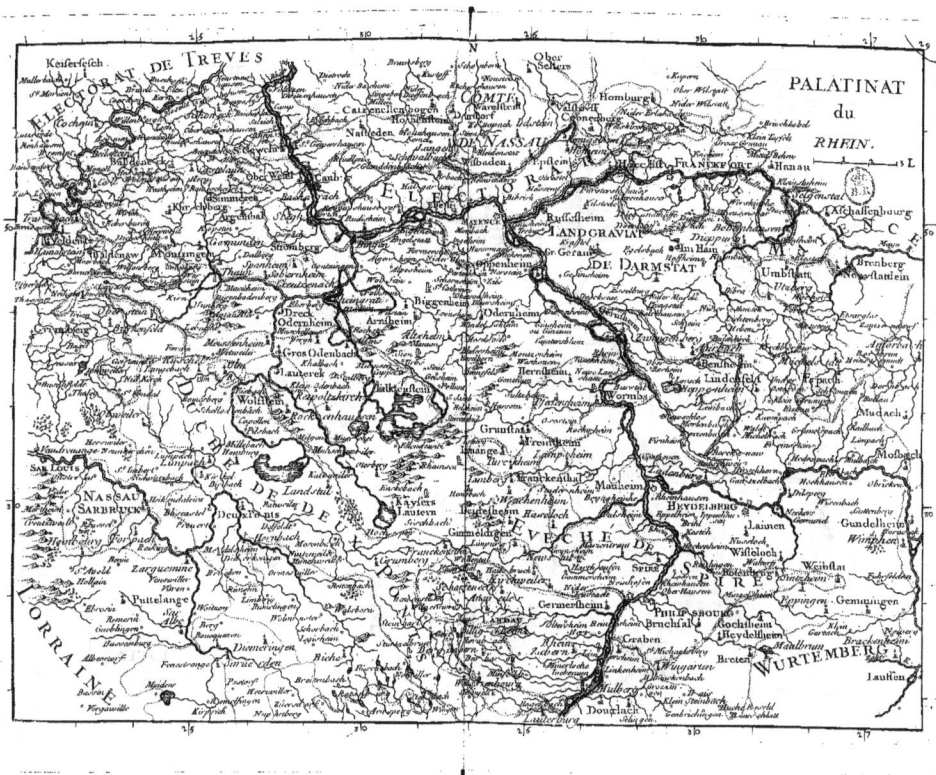

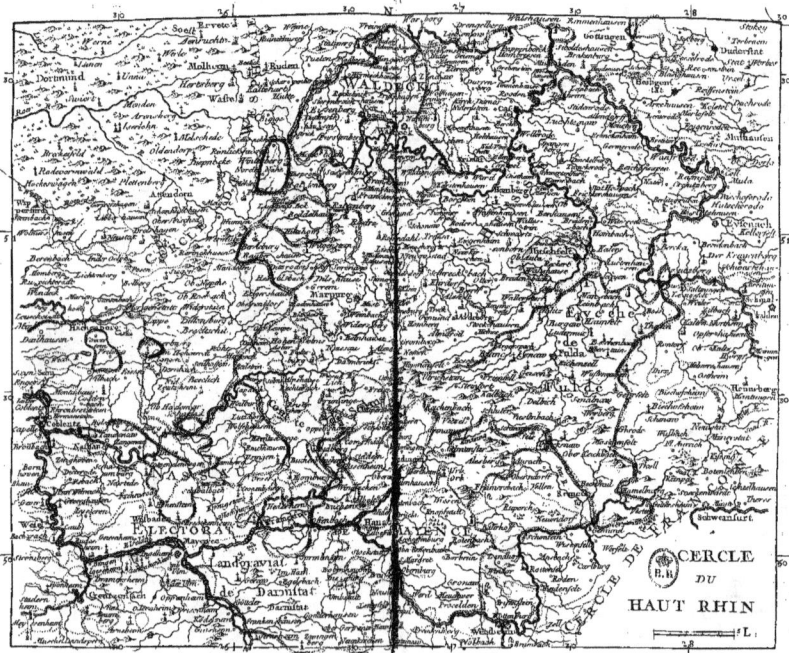

CERCLE
DU
HAUT RHIN

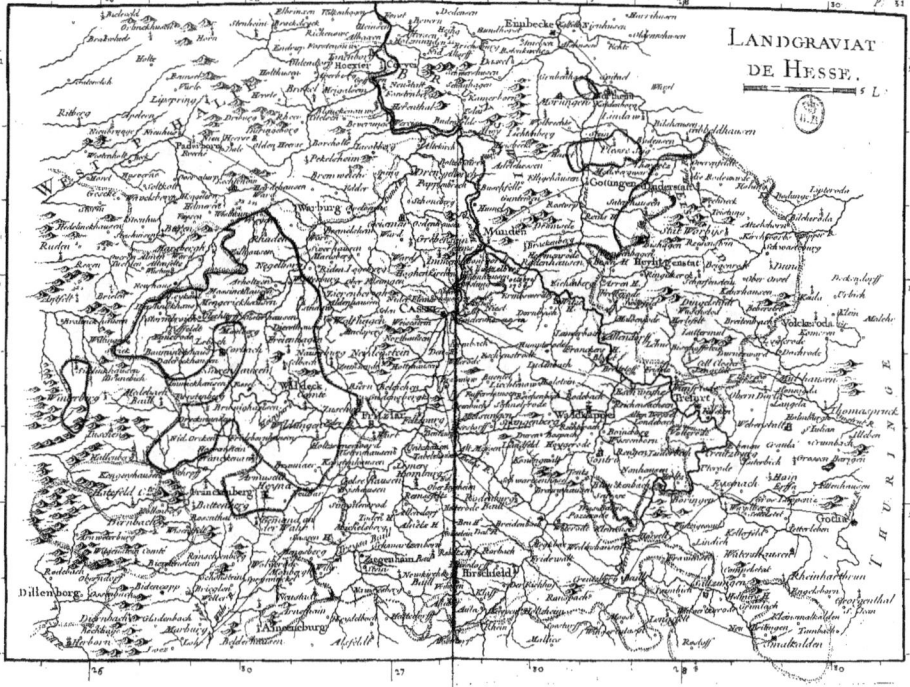

LANDGRAVIAT
DE HESSE.

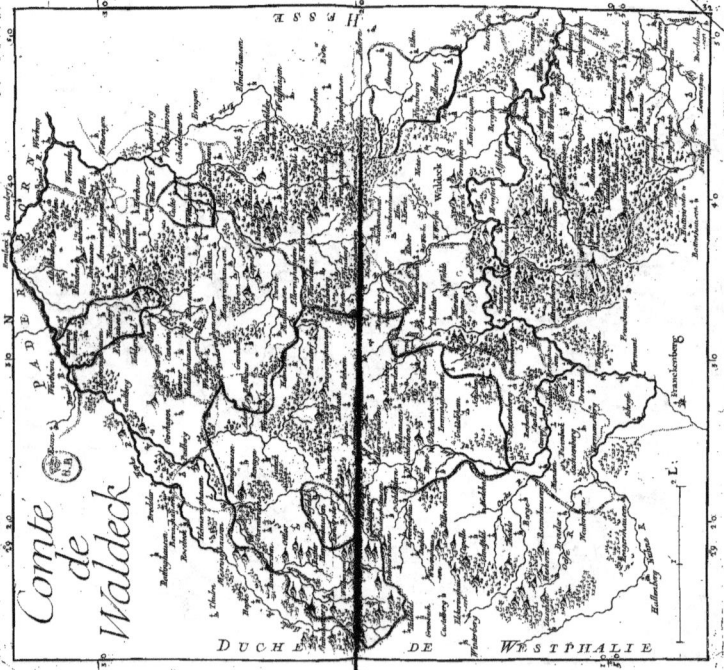

Villes — Chau ruine
Bourgs — Forges de Fer
Villages — de Cuivre
Cences — Tentin
Chateaux — Abbayes

Salines
Bains Eaux Mine
Moulins
Moulins à Papier

MARBOURG

HESSE

DARMSTAT

de Solms

Comté

Nidda

Runkel

Vingen

FRIDBERG

Homburg

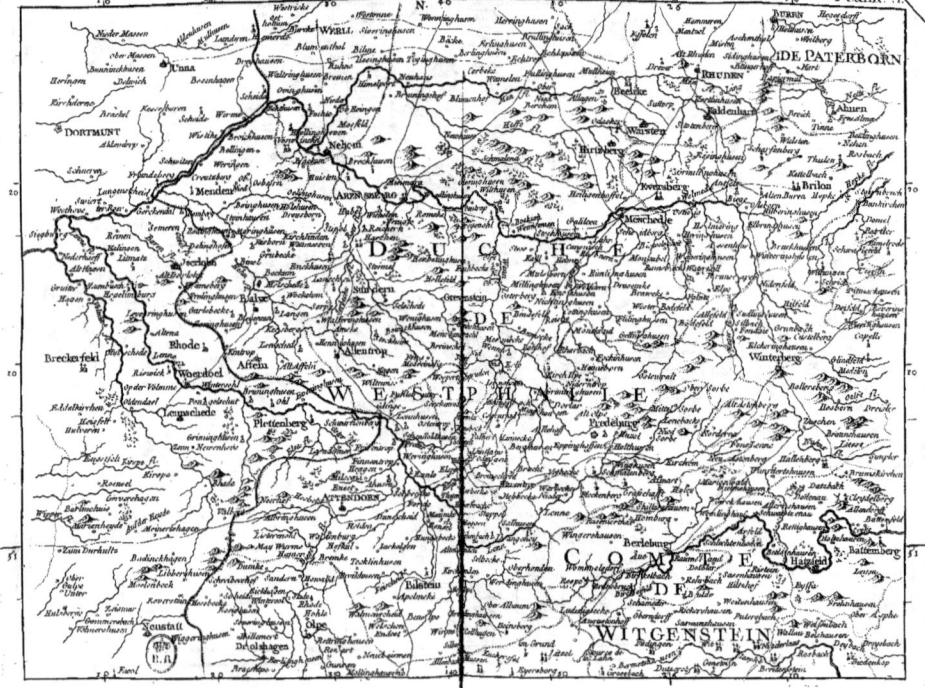

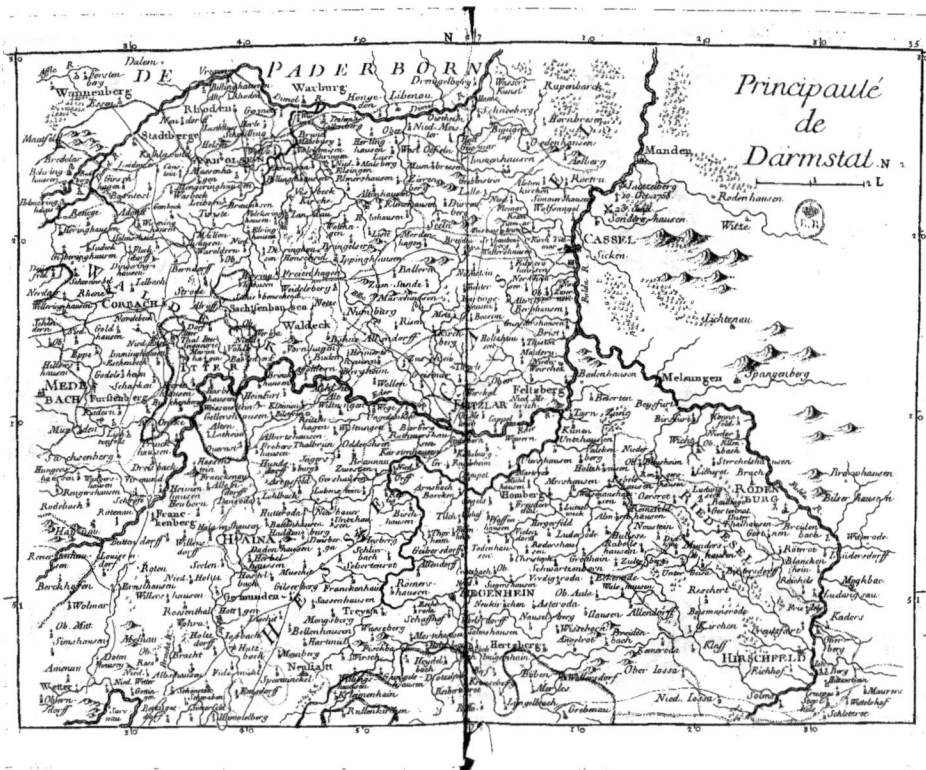

Principaulé
de
Darmstat

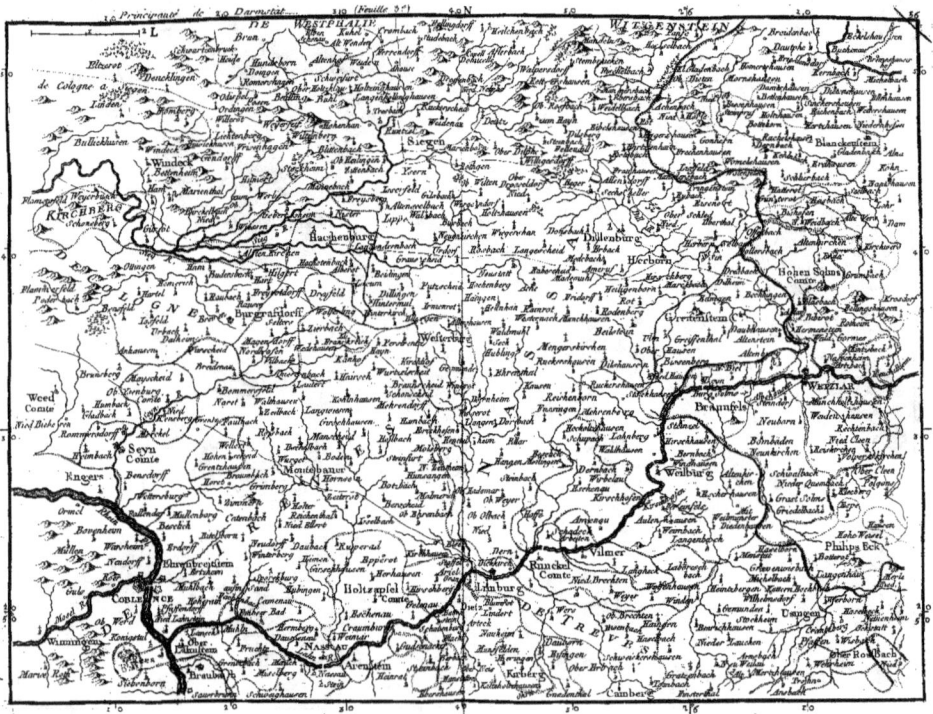

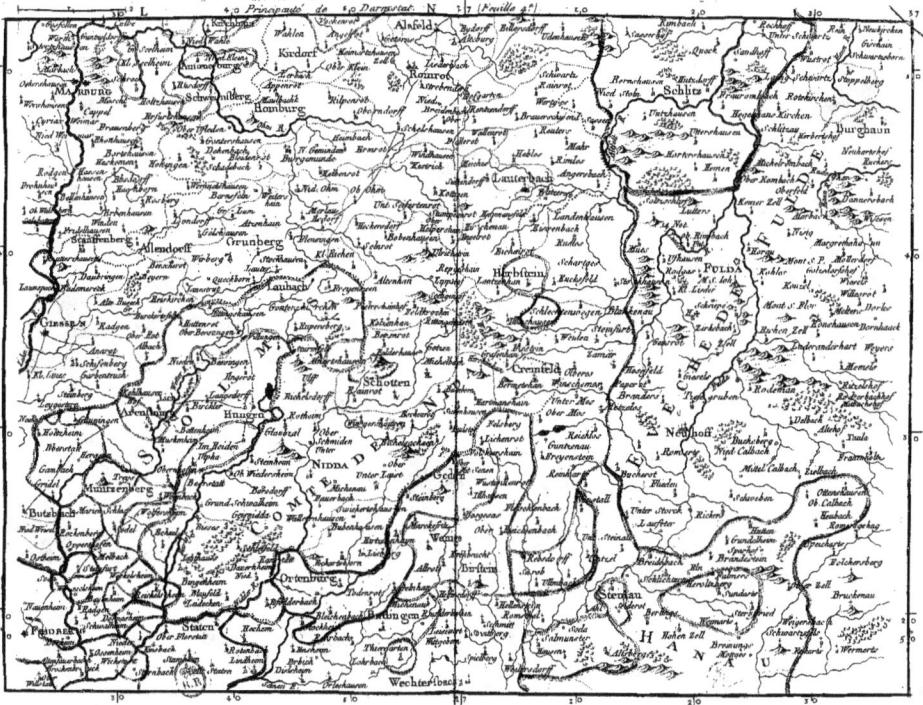

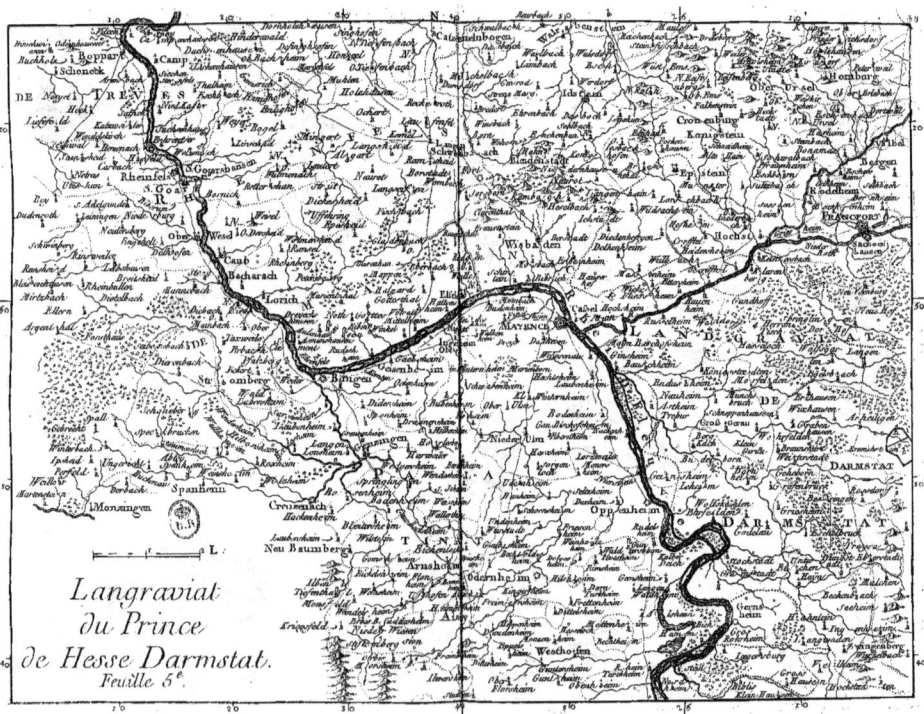

Langraviat
du Prince
de Hesse Darmstat.
Feuille 5.e

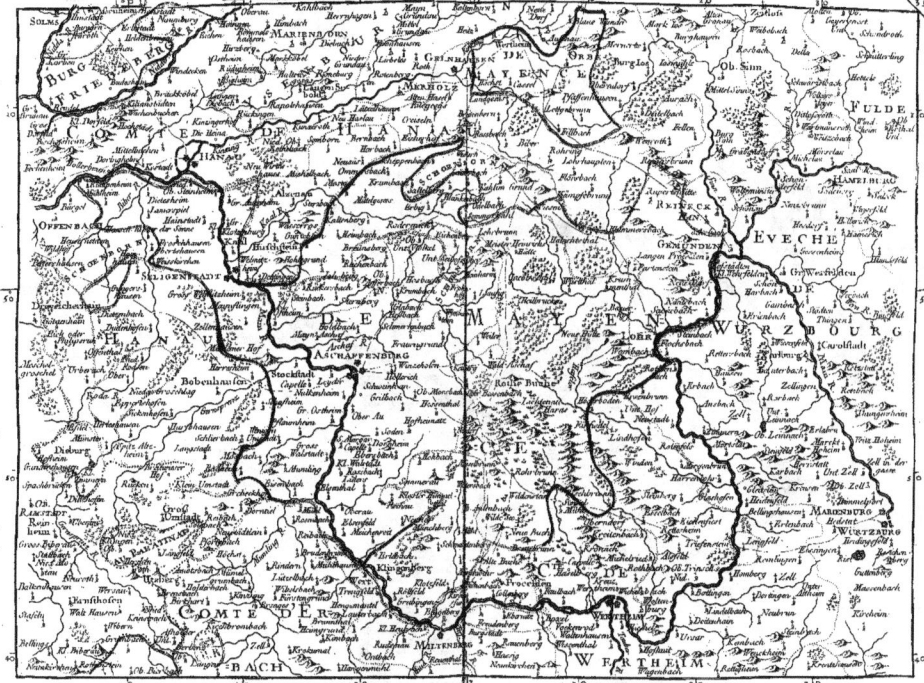

Hesse Darmstat Feuille 6.e

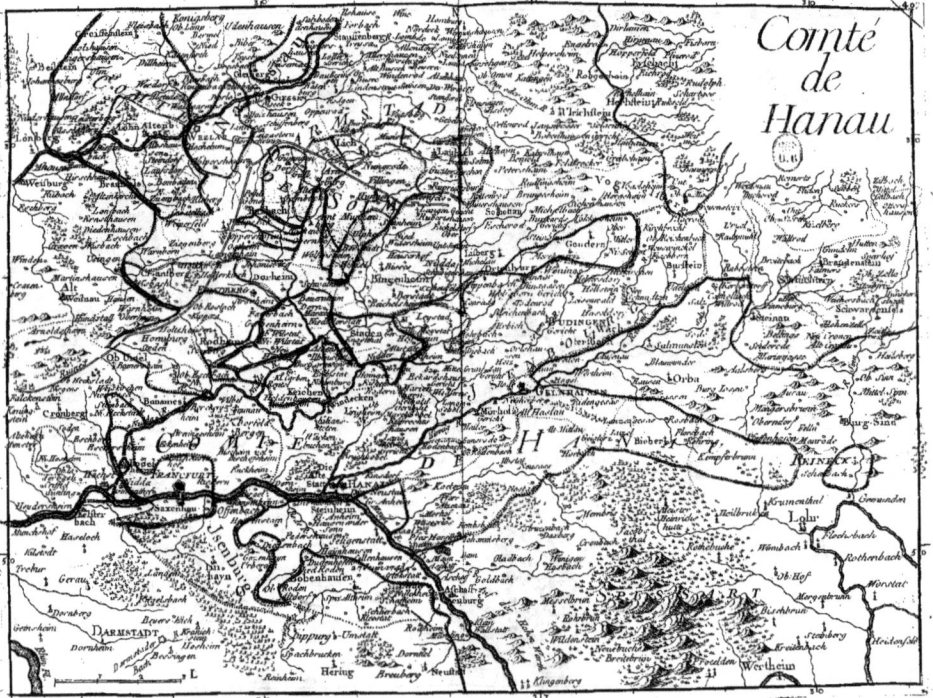

Comté
de
Hanau

Evêché de Fulde Feuille

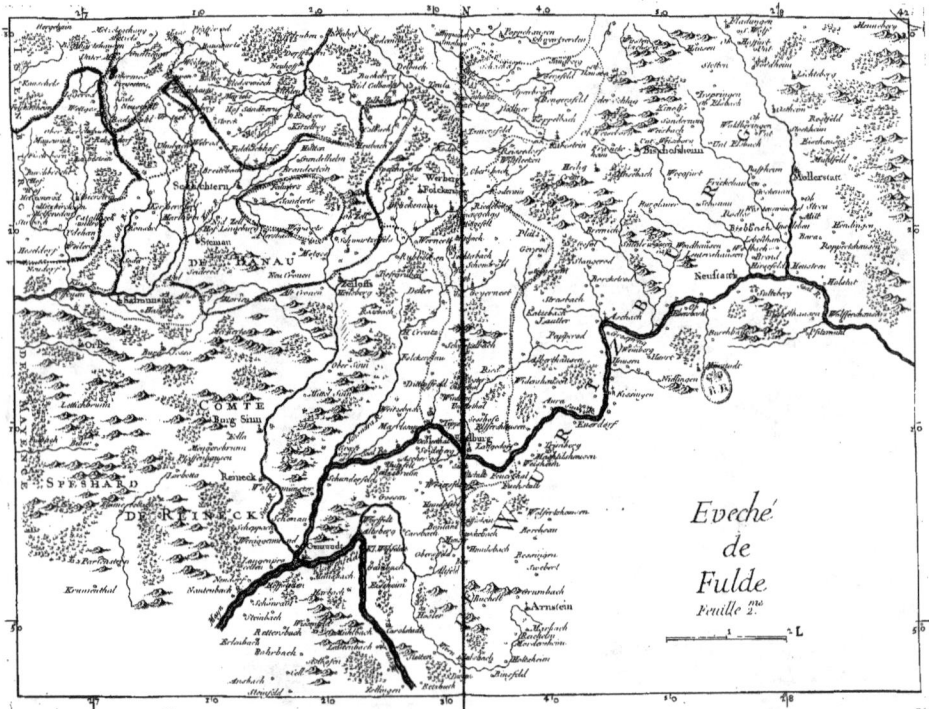

Eveché
de
Fulde

Feuille 2.

EVÊCHÉ
de
WURTZBOURG

ÉVÊCHÉ
DE BAMBERG,
PRINCIPAUTÉ
du S.ᵗ Empire.

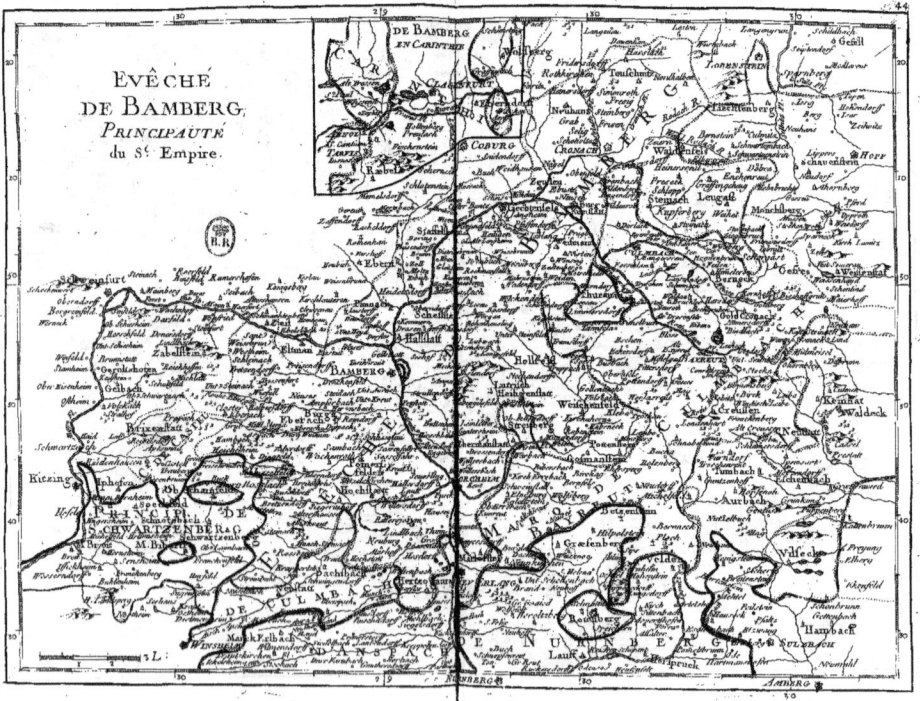

DE BAMBERG
EN CARINTHIE

COBURG

CRONACH

BAMBERG

PRINCIP.ᵗᴱ DE
SCHWARTZENBERG

KITZING

DE CULMBACH

WINSHEIM

Mark.Felbach

LAUF

SULBACH

H. R.

Schweinfurt

Zabelstein

NUREMBERG

AMBERG

COMTÉ
DE
PAPPENHEIM

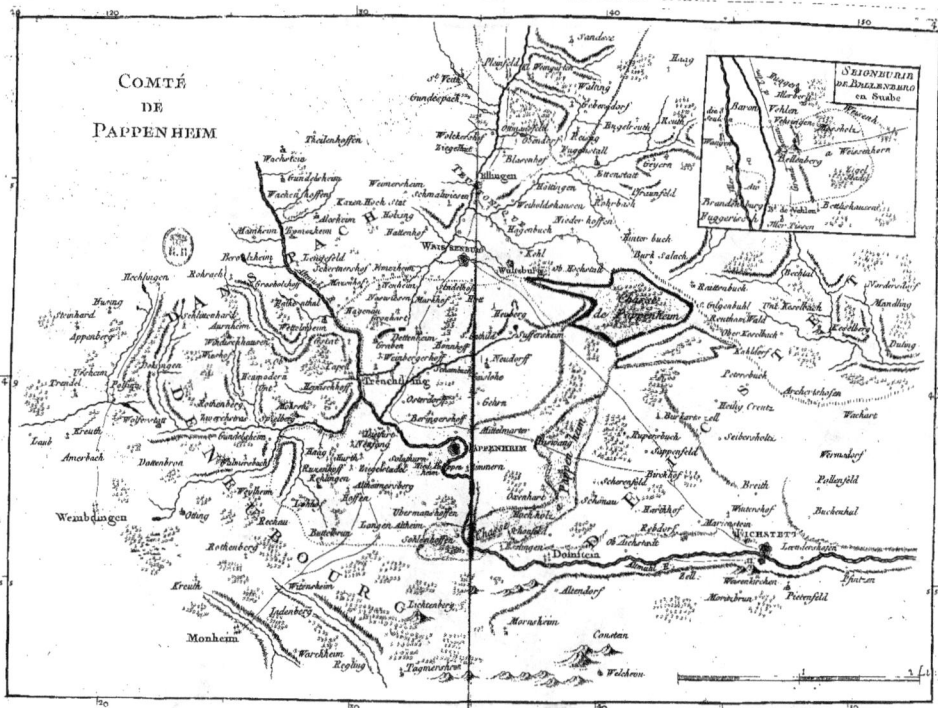

SEIGNEURIE
DE BALLENBERG
en Suabe

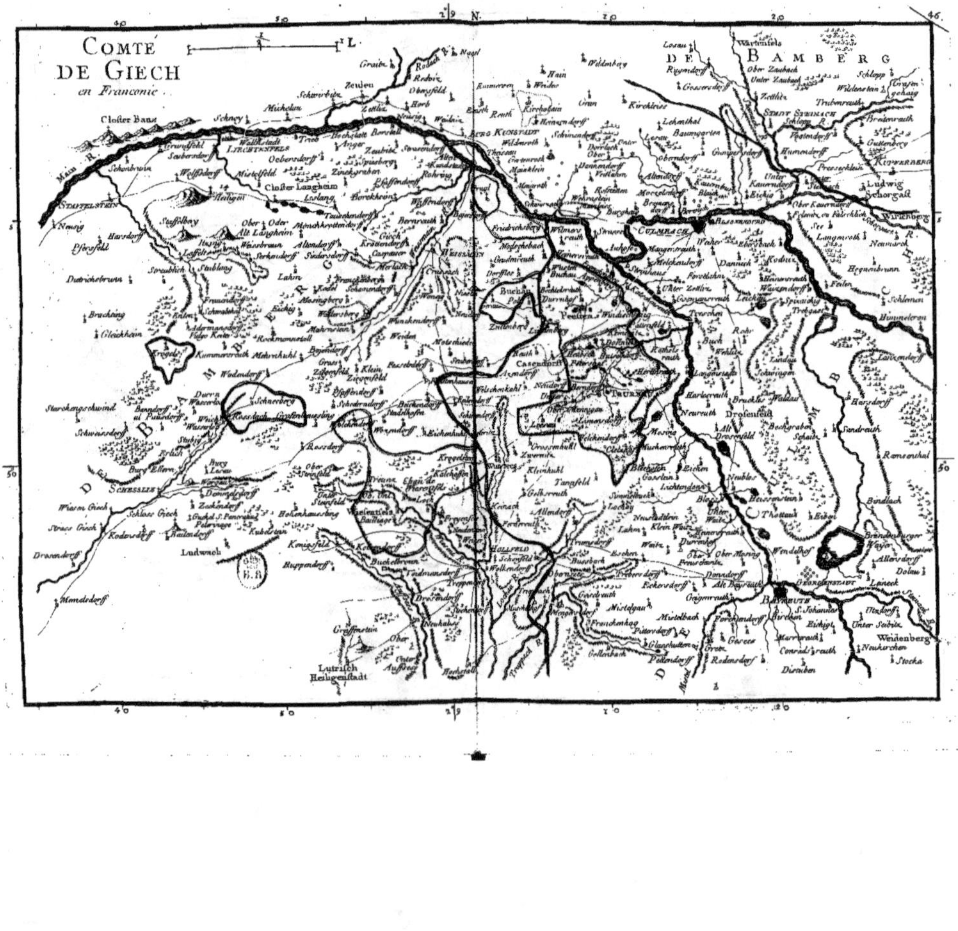

COMTÉ
DE GIECH
en Franconie

DE BAMBERG

STADT STEINACH

BERG KUPSTADT

CULMBACH

LICHTENFELS

Cloſter Bana

STEFFELSTEIN

D. B.

BAIREUTH

Lutzreich
Heiligenſtadt

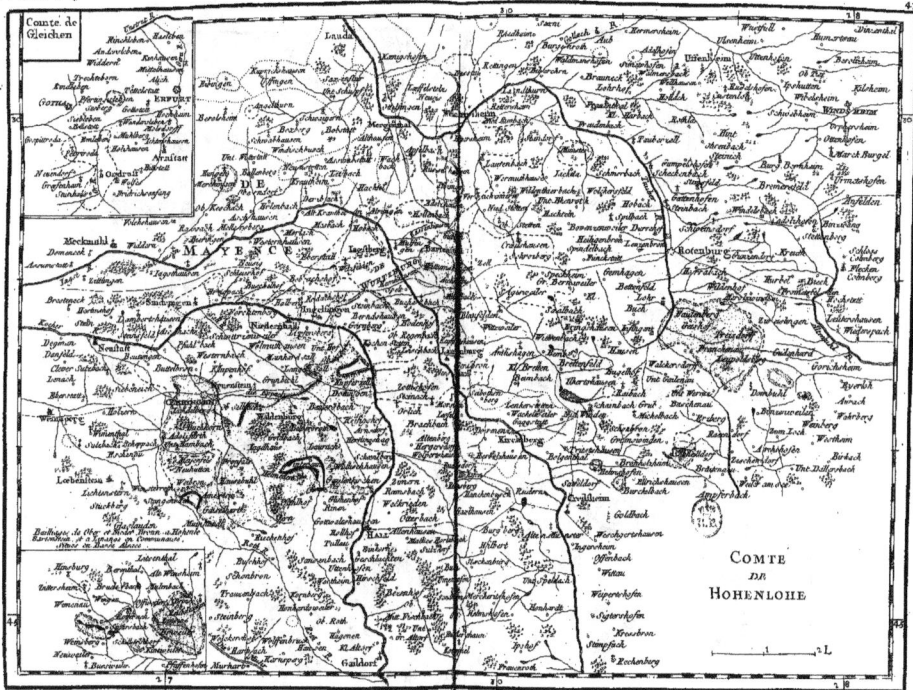

47

Comte de
Gleichen

MAYENCE

COMTE
DE
HOHENLOHE

PRINCIPAUTÉ d'Anſpach. Feuille 1ᵉ

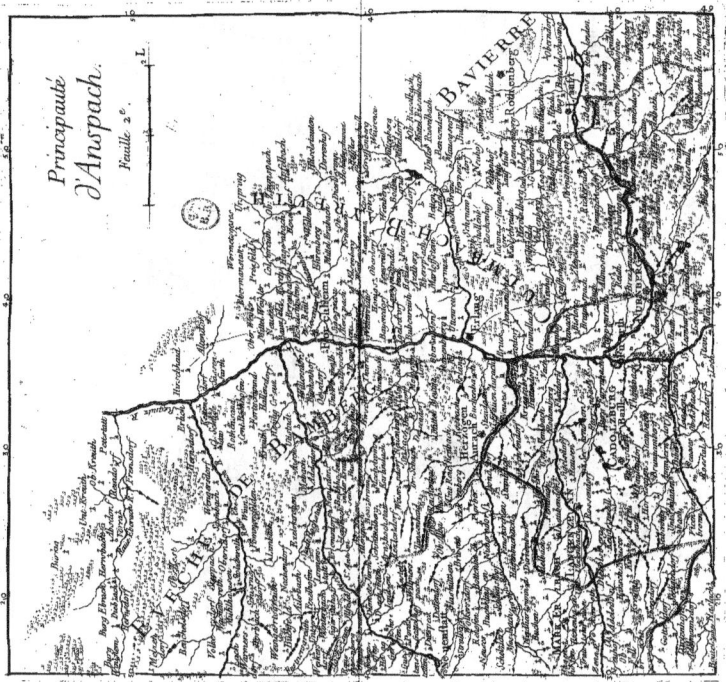

Principauté d'Anspach.

Feuille 2.º

BAVIERE

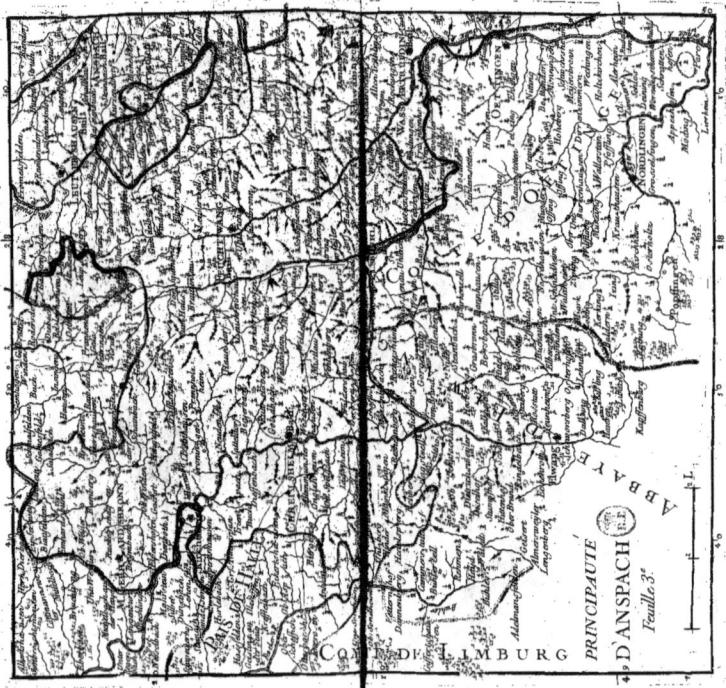

PRINCIPAUTÉ D'ANSPACH
Feuille 3.ᵉ

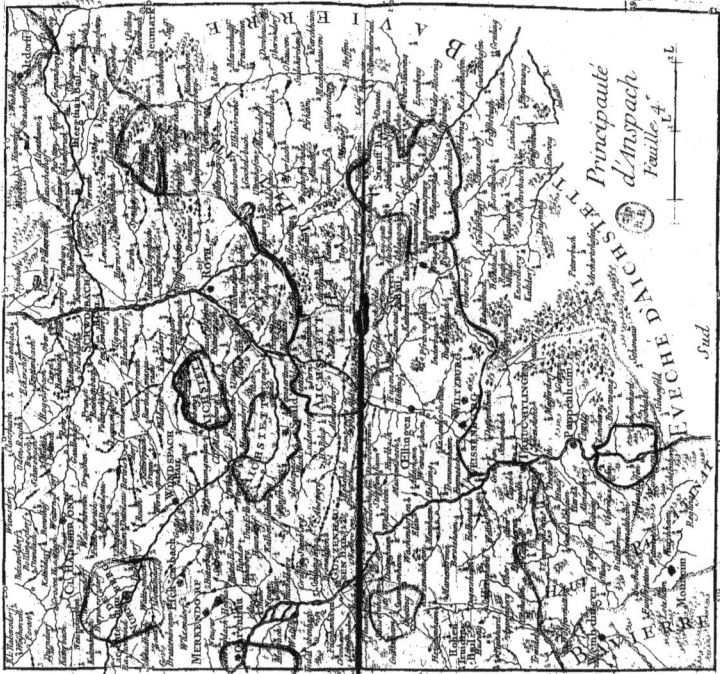

Principauté
d'Anspach
Feuille 4.

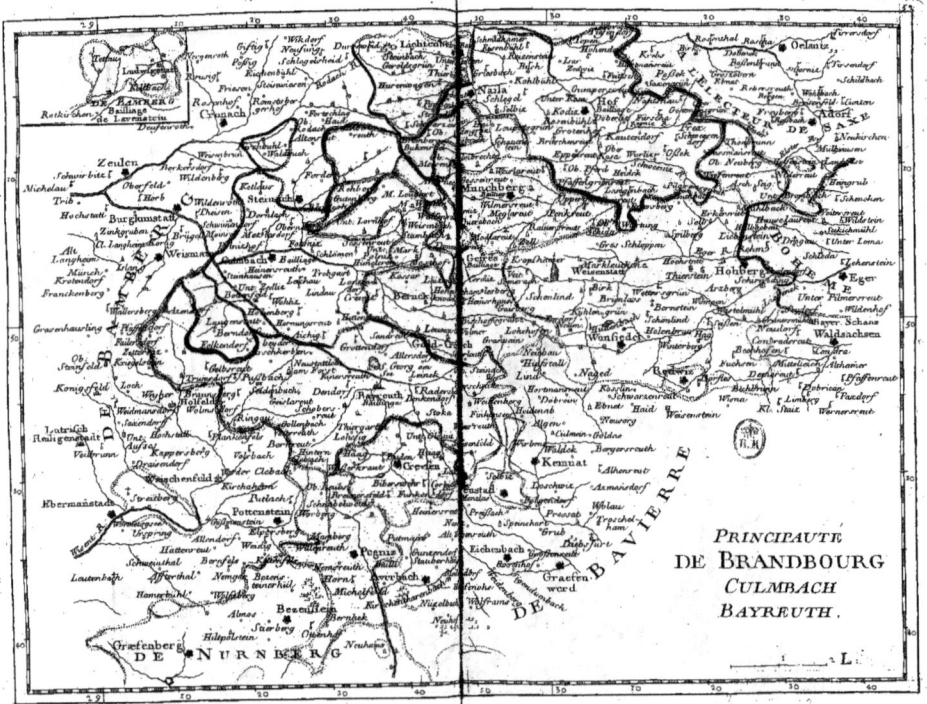

PRINCIPAUTÉ
DE BRANDBOURG
CULMBACH
BAYREUTH.

DE BAVIERRE

DE NURNBERG

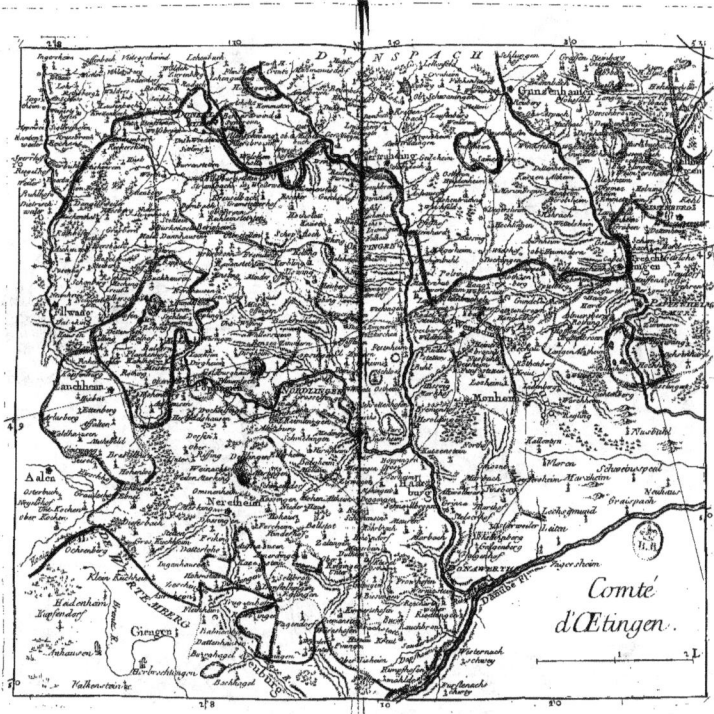

Comté
d'Œtingen.

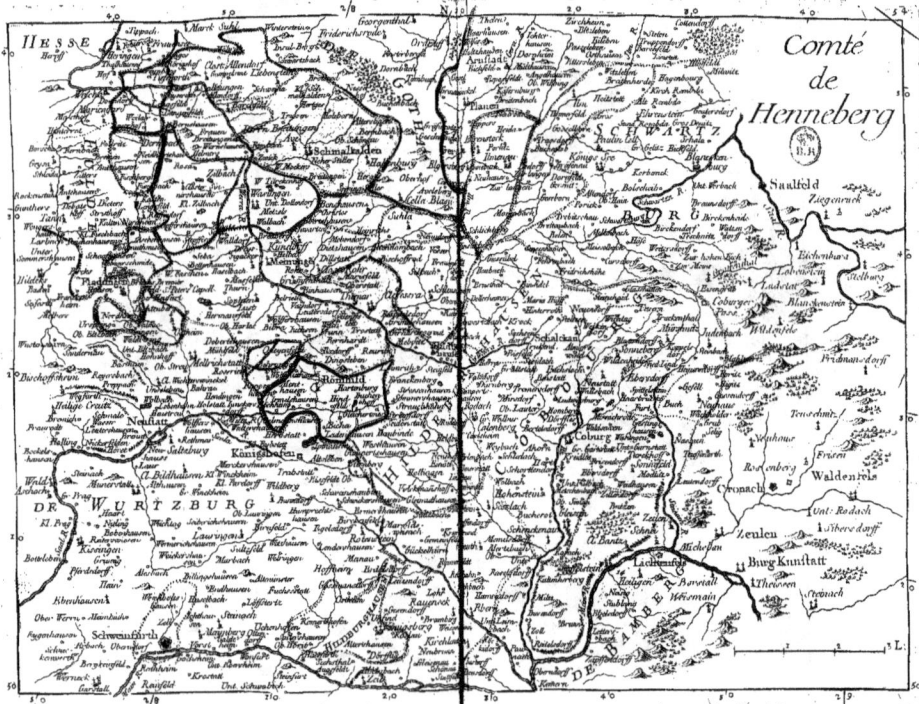

Comté
de
Henneberg

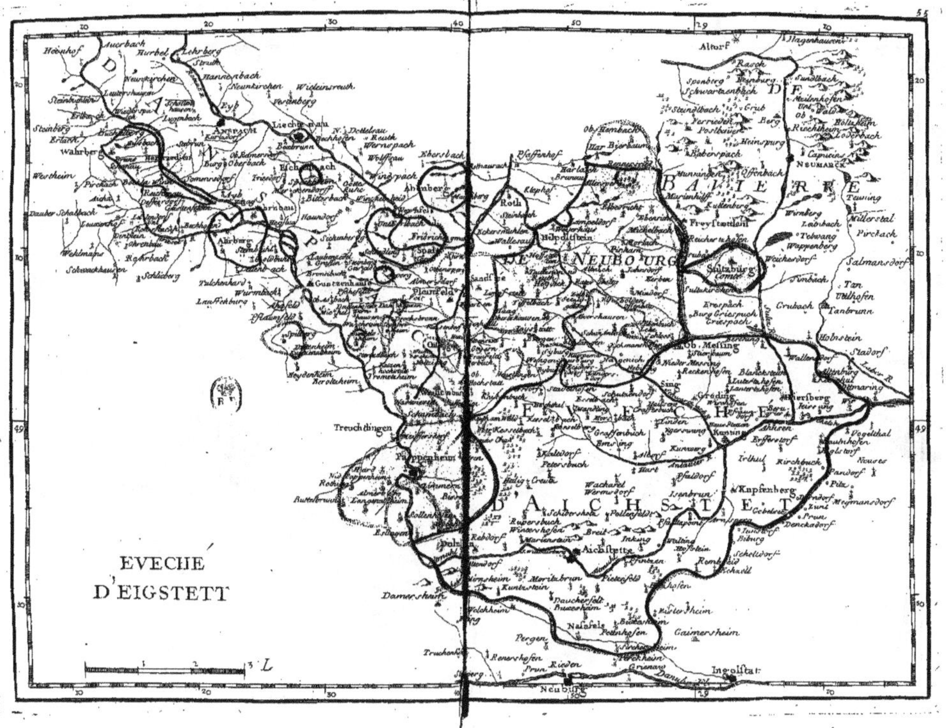

EVECHÉ
D'EIGSTETT

NEUBOURG

BAVIERE

EICHSTATT

Ingolstat

Neuburg

Treuchtlingen

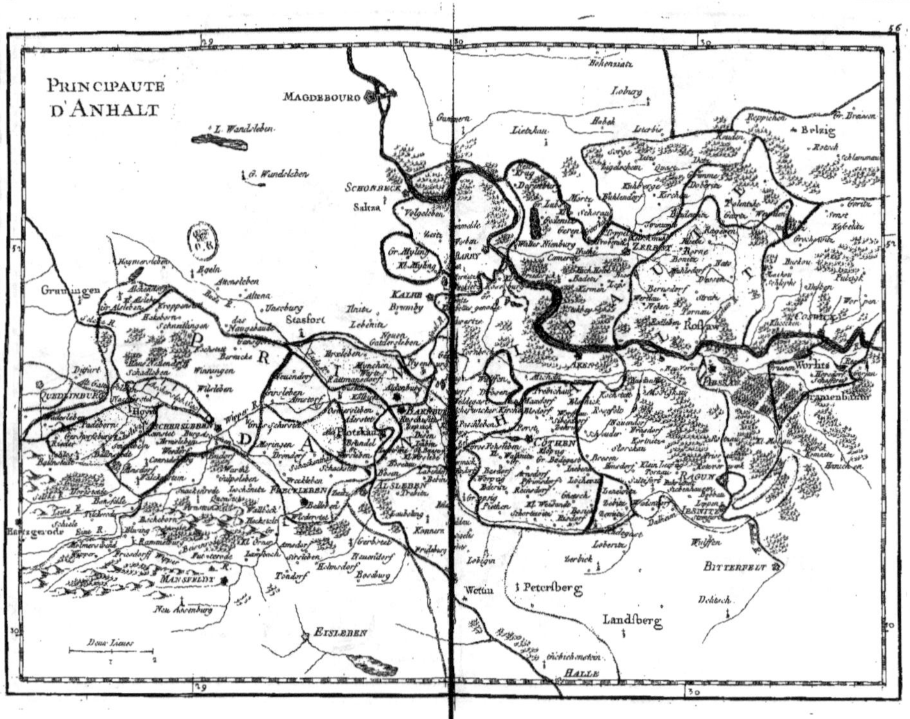

PRINCIPAUTE
D'ANHALT

MAGDEBOURG

L. Wandsleben
G. Wandsleben

SCHONBECK
Saltza

Grunningen

QUEDLINBURG

ASCHERSLEBEN

MANSFELDT

Neu Ascersburg

EISLEBEN

KALBE

Stasfort

HARBRE

ESLEBEN

ZERBST

Rosla

Rossla

DESSAU

Worlits

KŒTHEN

Belzig

BITTERFELT

Petersberg

Landsberg

Wettin

HALLE

Deux Lieues

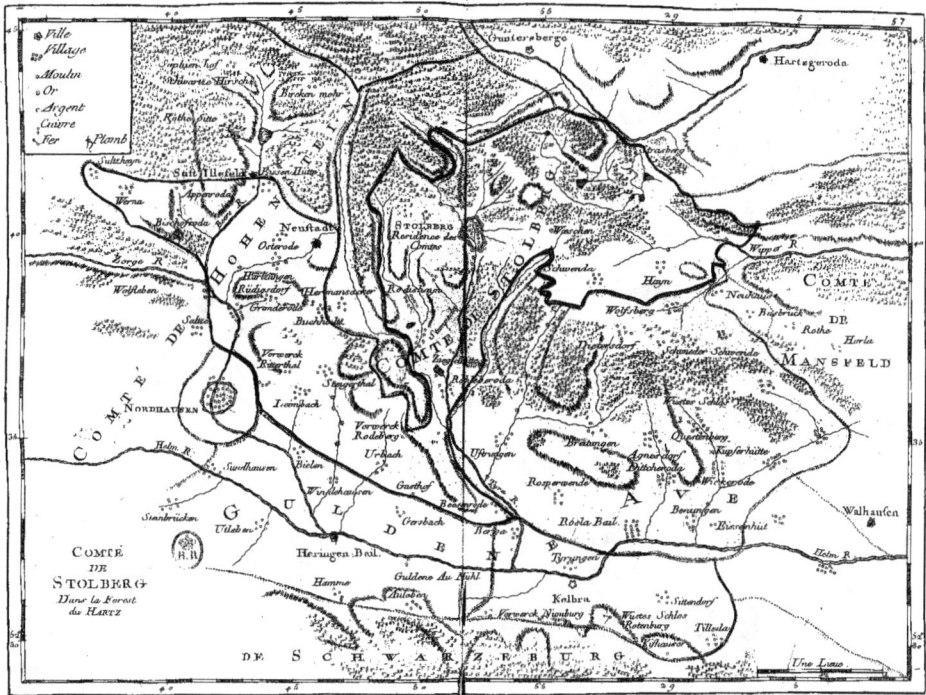

Ville
Village
Moulin
Or
Argent
Cuivre
Fer   Plank

Guntersberg
Hartzgeroda

Sophien Hof
Schwartze Hirsche
Birken mohr
Rothe Hütte

Sultzhem
San Illefeld
Appenrode
Buchofroda
Werna
Georg R.
Wolfleben
Hartungen
Rüdigsdorf
Grandersl.
Buchholtz
Neustad
Octrode
Hermanstein
Rödchen
Schilde
Vorwerk Haithal

STOLBERG
Residence du
Comte

Wüpa R.
Neustadt
Roprode
Rotha
Horla

COMTE
DE
MANSFELD

COMTE
NORDHAUSEN
Holm R.
Steinbrücken
Swethaum
Bielen
Windshausen
Iconabach
Vorwerk
Radeboy
Sümithal
Urbach
Gaethof
Bennerode
Gerbach
Berka

Schwenda
Hayn
Wolfsberg

Dittersdorf
Schwende Schwende
Cantor Schlos
Brahmgen
Agnesdorf Böltchenrode
Rösla Bail.
Tyringen

GULDE

COMTE
DE
STOLBERG
Dans la Forest
du HARTZ
B.B.
Uteleben
Heringen Bail.
Hamme
Thüleda
Guldene Au Mühl

Roperande
Benamgen
Quenstorg
Kupferhütte
Wickerode
Eisenhüt
Walhausen
Holm R.

AVE

Kelbra
Forwerck Numburg
Nüttas Schlos
Rotenbey
Vollhausen
Tilleda
Sittendorf

DE SCHWARZEBURG
Une Lieue

LA
THURINGE
A PARIS
chez le Rouge
Renvoy
Mayence
Saxe
Brandbourg
Duché Weissenfels
Schwarzburg
Sondershausen
et Rudelstatt
Gotha et Salfeld
Eysenach
Weimar
Hesse
Stolberg
Reichling
Muhlhausen
PRINCIPAUTÉ D'ANHALT
EISENACH
GOTHA
ERFURT
MANSFELD
MERSBOURG
MEININGEN
5 Lieues

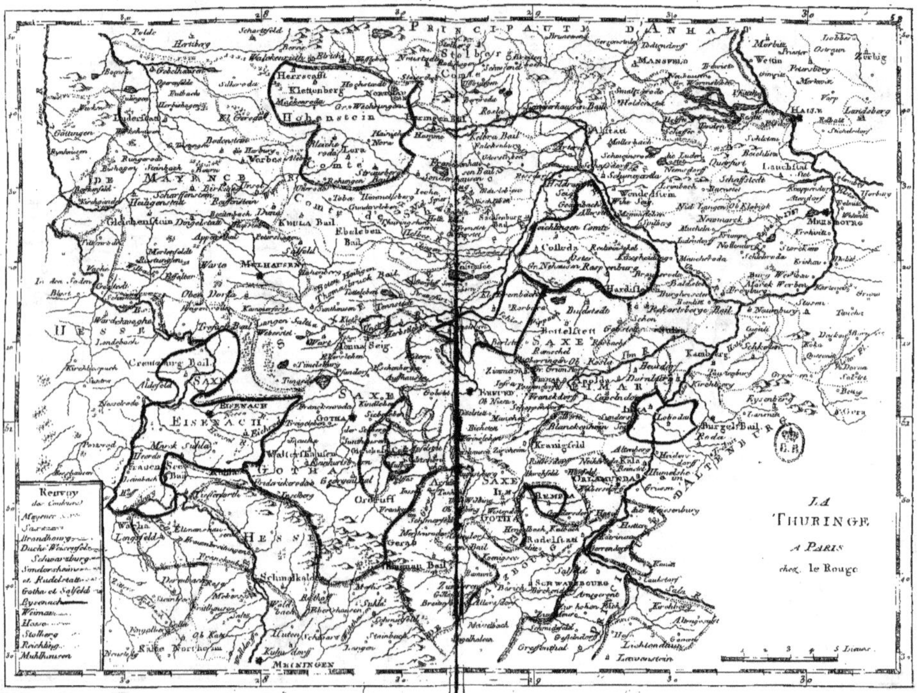

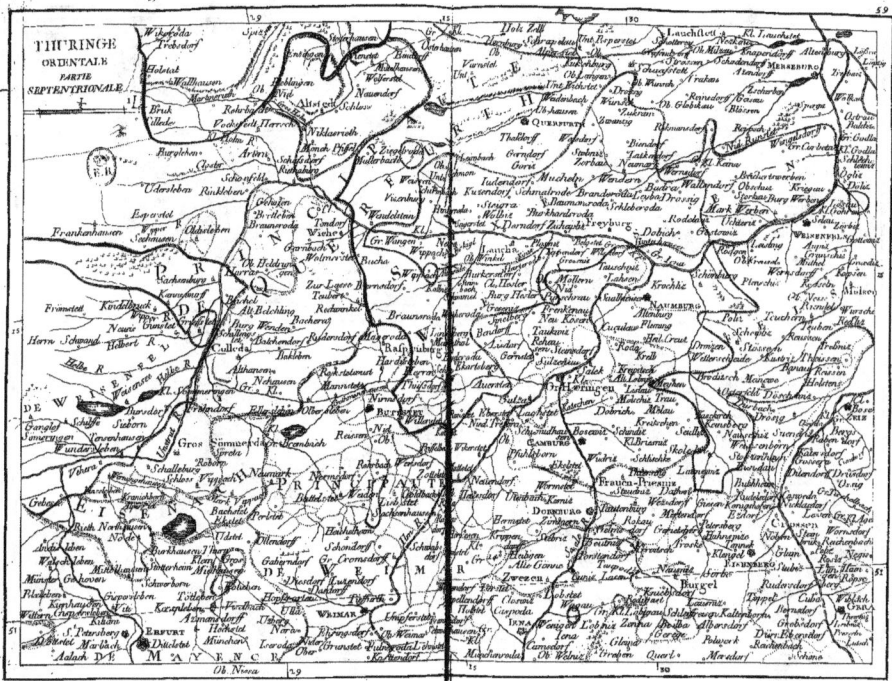

THURINGE
ORIENTALE
Partie Méridionale.

Une Lieue

DE SAXE WEISSEN FELS

DE SAXE GOTHA

DE SAXE EISENACH

DE SAXE WEIMAR

DE SAXE GOTHA

SCHWARTZ BURG

DE SAXE

TENNSTAT

Uslében
Wenigen Tennstet
Gros Balnhausen
Gros Sommereda
Gros Brembacher Park

Klein Vargila
Horbischleben
Rincklehen
Haschleben
Worninghausen
Roselloin de
Kranichborn
Rorbarn
Schloss Vippach
Klein Brembach
Vogelsburg
Siprota
J'alborn

Gros Wargem
Tollstedt
Andis lehen
Dachwich
Walschleben
Ritnerhausen
Alperstet
Gros Ruderstet
Burg Schwanse
Klein Ruderstett
Mareck Vippach
Diedesdorff
Edelhausen
Neumarckt Krautheim
S. Wgordstedt

Burg T'onna
Grossen Fahner
Grossen T'onna
Elxschleben
Volgsted
Klein Weisse
Stotternhein
Eckstedt
Udestedt
Swarborn
Baclstedt
Hottelstede
Ottmans hausen
Bartstedt
Ramsel
Klein Obringen

Hausen
Hochhoim
Klein Fahner
Offhausen
Gebestedt
Kirtsheim
Gutmansdorff
Gierschleben
Mittelhausen
Oskerslehen
Kerspleben
Wohldich
Gros Mullhausen
Warte
Othstedt
Ollendorff
Ethorsburg
Gab. Krlot
Diesdorf

Woelhausen
Puss lehen
Wartcé
Holtlehen
Trochtelborn
Bienstedt
Dotlestede
Salomdsbrun
Hohenwinden
Marpach
Mast
Peterlsberg
Oskerslehen
Hesleben
Vieslbach
Bae Zimmern
Warte
Hofsgarten Ulla
Nera

Frimar
Kindlehen Wust
Hungerbach
Cyriaxburg
Binderslebon
Erfurt
Lindankach
Daumansdorff
Lasersh
Huesbel
Hochstedt
Uesberg

Ramstede
Pforlings lehen
Fornbstede
Goldstet
Oberstade
Melchendorff
Noes
Friemar
Windisch
Hohausen
Monche Holzhausen
Linseode
Sonstede

Notleben
Bischleben
Urbich
Ober Nuase
Bochstet an der Stras

Schloss Friedenstein Gotha
Siebeleben
Tielleben
Gambstede
Stotten
Unger
Rodchen
Windisch
Holzhausen
Foscheltborn
Protsel

GOTHA
Grabs lehen
Klein Rettbach
Cobstedt
Gros Rettbach
Auf der Wag
Stedtfeld
Egstedt
Stedten
Rodesh
Bachoen
Haspdul
Guttendorff
Tiessen Grossen

Seeborgh
Seeborgermuhl
Apfelstede
Wachsenborn
Hochheim
Daroy
Rhododis
Kerspelden
Bischlchen
Wulcha
Bachstedt
Amdorff

Mullberg
Rorensoo
Olbschen
Wachsenburg
Holhausen
ARNSTATT
Rodersch lehen
Dornthau
Ritschleben
Risch hein
Hohofelden
Lang oda
Kottendorf
Kranichfeld

Une Lieue

Obere Schloss

TERRITOIRRE
D'ERFFURT
Par le ROUGE
Qui la réduit et traduit

40   30   20   10   29

WITTENBERG,
ET
GRÆFENHAYNICHEN
BAILLIAGES,
de la haute Saxe.
Par le Rouge.

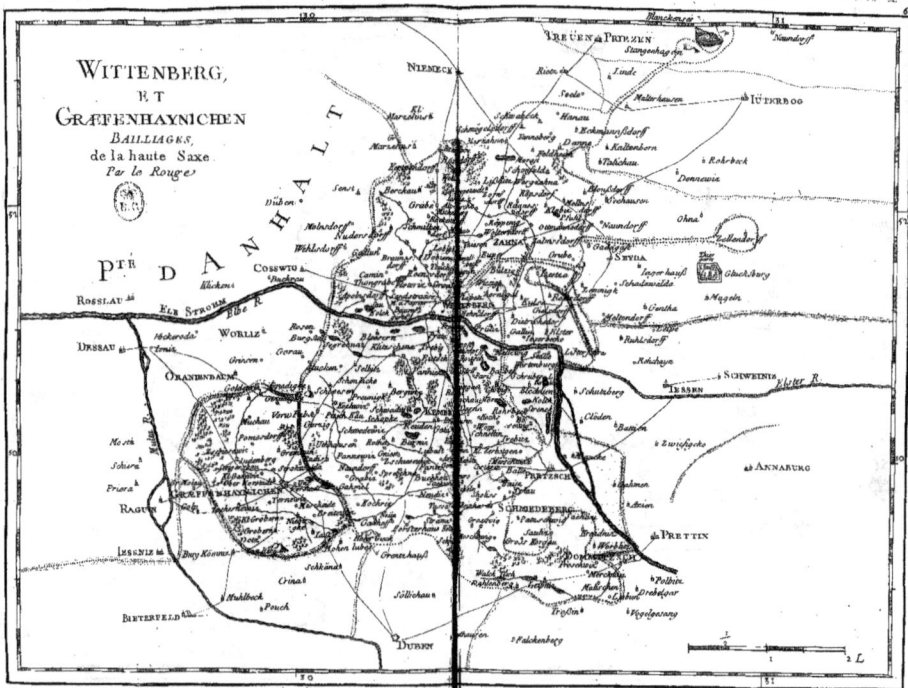

NIEMECK

BREUEN PRIZEN

IUTERBOG

Ptie D'ANHALT

COSSWIG

ROSSLAU

ELB STROHM

WORLIZ

DESSAU

ORANIENBAUM

SEYDA

Glucksburg

JESSEN

SCHWEINIZ

Elster R.

ANNABURG

PRETTIN

SCHMIEDEBERG

PRETZSCH

RAGUN

IESSNIZ

BITERFELD

DUBEN

Falckenberg

Donnewiz

Rohrbach

L

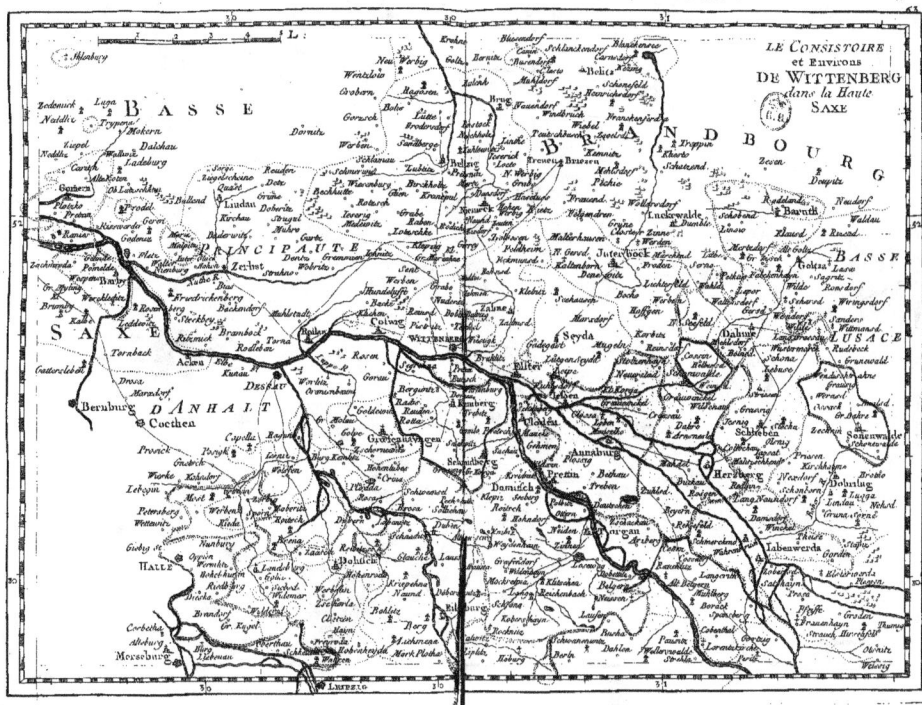

LE CONSISTOIRE
et Environs
DE WITTENBERG
dans la Haute
SAXE

BASSE BRANDBOURG

BASSE

PRINCIPAUTE

SAXE

D'ANHALT

Bernburg
Cocthen
Dessau

HALLE

Mersbourg

Zerbst

WITTENBERG

Annabourg

Damich

Herzberg

Labenwerda

LUSACE

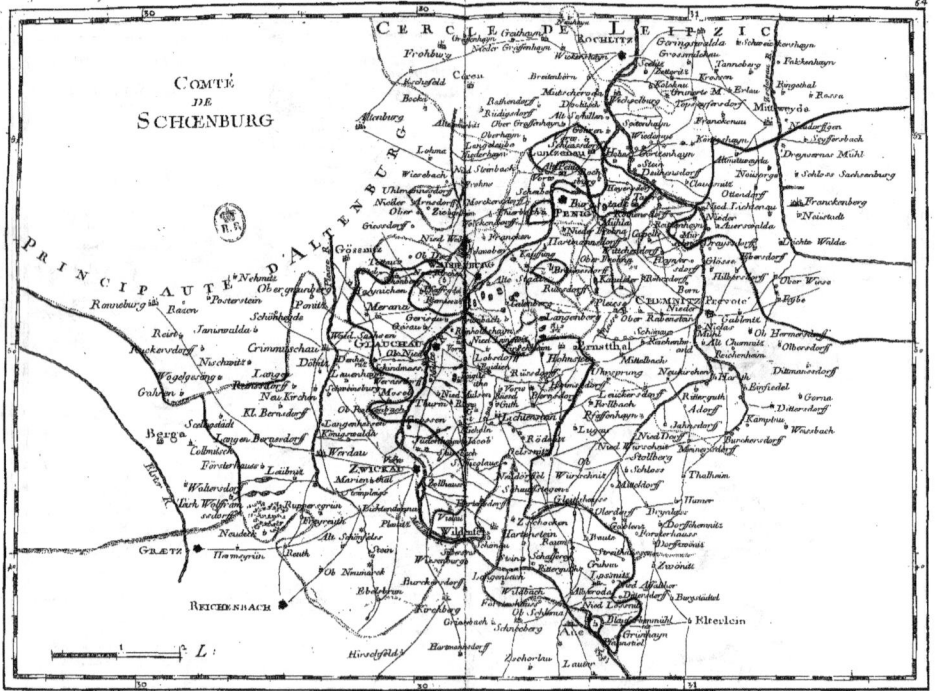

CERCLE DE LEIPZIC

COMTÉ
DE
SCHŒNBURG

PRINCIPAUTÉ D'ALTENBURG

ROCHLITZ

PENIG

GLAUCHAU

CRIMMITSCHAU

ZWICKAU

CHEMNITZ

BERGA

GRÆTZ

REICHENBACH

L.

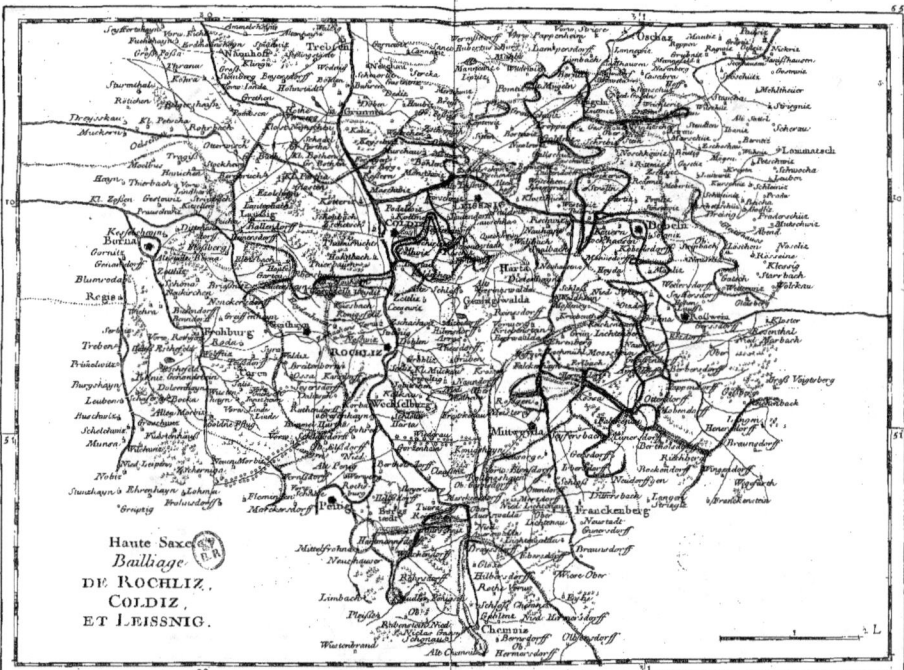

Haute Saxe
Bailliage
DE ROCHLIZ,
COLDIZ,
ET LEISSNIG.

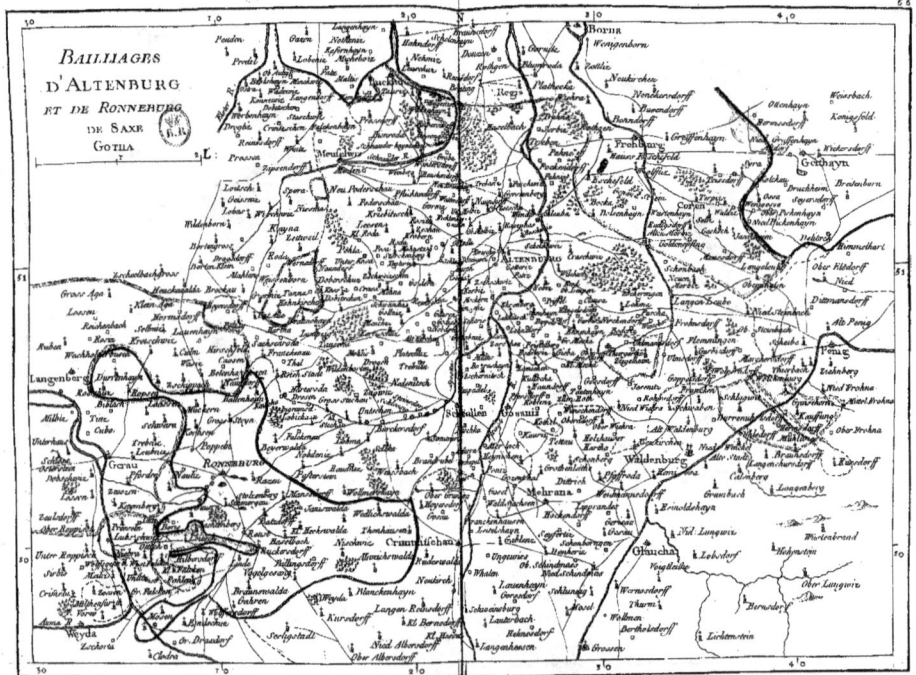

BAILLIAGES D'ALTENBURG ET DE RONNEBURG DE SAXE GOTHA

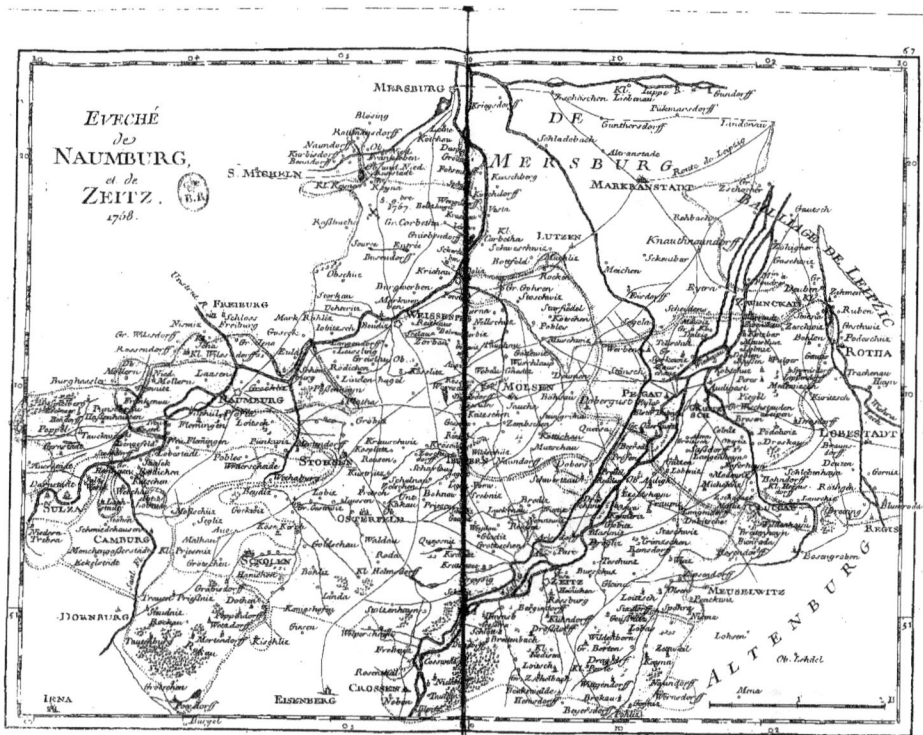

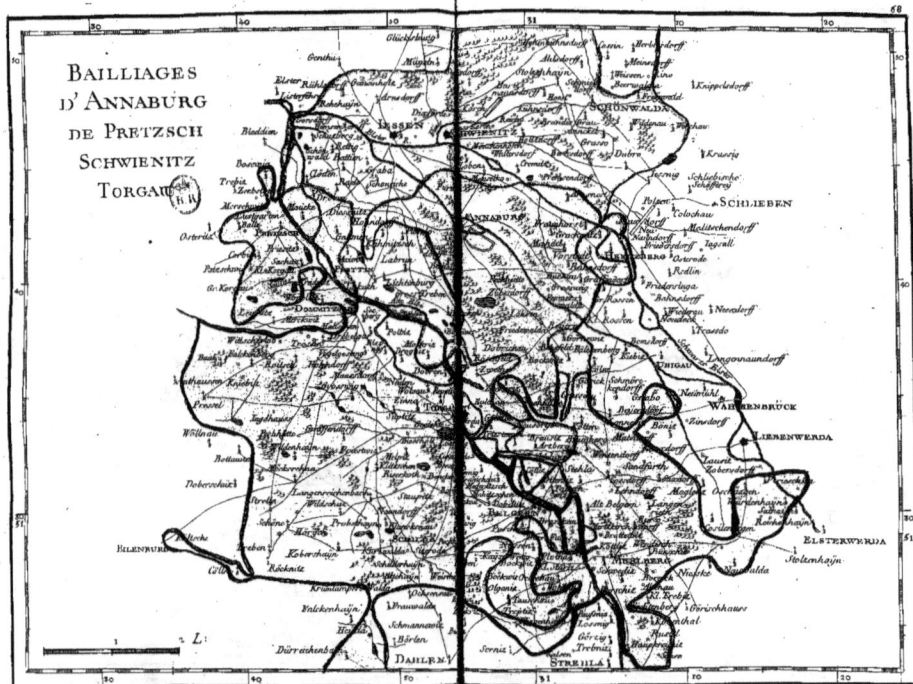

BAILLIAGES
D'ANNABURG
DE PRETZSCH
SCHWIENITZ
TORGAU

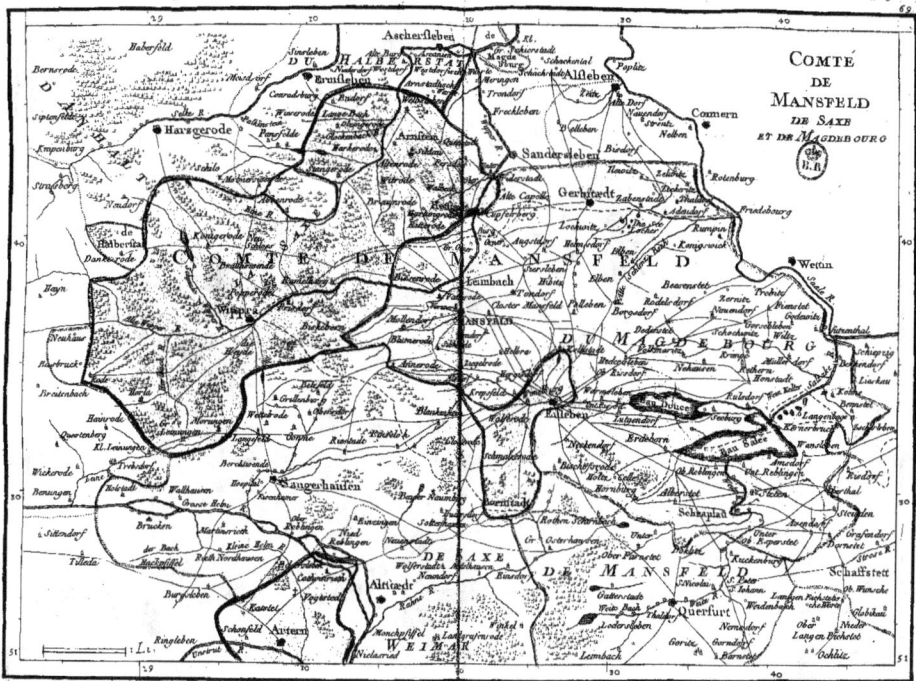

COMTÉ
DE
MANSFELD
DE SAXE
ET DE MAGDEBOURG

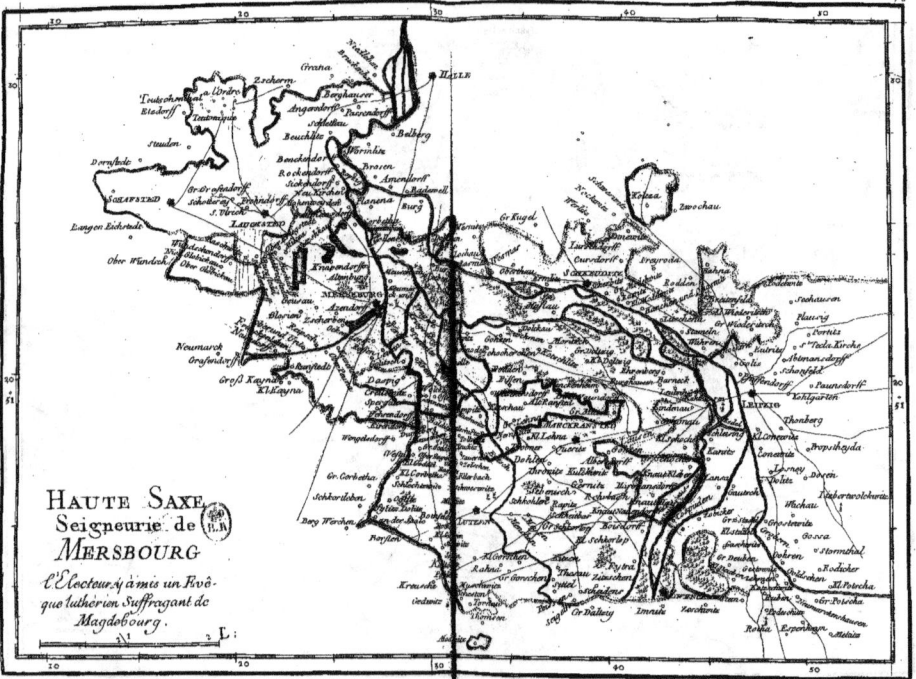

HAUTE SAXE
Seigneurie de
MERSBOURG

l'Electeur y à mis un Evêque luthérien Suffragant de
Magdebourg.

POTZDAM 31

HAUTE SAXE
Bailliages
De la Principauté
DE QUERFURTH

MITTELWALD

SARMUND
Adensdorff
Nudo
Görben

L'auenbruck
Genshagen
Witstock
Kuwaldorff
Willmersdorff
Nunsdorff

Mozen

DE

Dopgin

Dopgin

Gross Kariz

Transdorff
Wolte Kirche
Grl Beuthen
Klein Beuthen
Tyro
Cristianendorff
Funckenmühl

BRANDBOURG

BUCHHOLTZ

Cloter Sehn
Kanton
Buf

Schunckendo
Schtafch dorff
Schlunckendo

Leuendorff

Zerch

BÜCHHOLTZ

Schonfeld
Sanger

Arndorff

TREBBIN
Schubendorff
Elisto
Nauendorff

Imbendruck

TEUFIZ

Teuer

BRUCK

ELECTORAT

Hennickendorff

Naundorff
Gotschdorff
Walhersdorff

Martinmühl
Gothaische Nasner
Schaeffenbrück

Papliz
Tschendorff
Glossdorff
Glosshofs

Radeland
Dornwalda

Stack

BARUTH
Stadt Kr

Franckenfehrda
Mehlsdorff
TREUENPRIEZEN
Gruhna
Voru Zaun

LUCKEWALDA

Joho

Neuheusel
Rissnaundorff

Kosenburg
Kählz

Riez
Pflickuff
Loudon
Seels

Linde

Noienhoff
Werder
Huggendorff

Mahlsdorff
Zschech
Ait golzen

GOLTZEN

Malterhausen
Nieder Gorzdorff
Wallw
Echmansdorff

Schloptz
Radibam
NUTERNDO
Troden
Rothrbeck

Schmielzendorff
Markendorff
Mohrsschlagen
Waltersdorff
Sorge

Meedor
Luiz

Schenckendorff
Schonaiche

Kurts Lipsdorff
Schönfeld

Kalbeborn
Tficha
Goldelm
Sochaußen
Mellnts
Ohna
Maradorff

Ephen
Ahlsdorff
Langst
Epsdorff

Gurgendorff
Beigen

Lindo Kahla
Brandeorff

Tosch

Rüdingsdorff

ZAHNA

SEYDA
Jagerhaus
Gluckburg
Mützen

Vickendorff
Rauerdorff
Zollendorff
Korbis

Eulmeria
Komlin
Ockro
Falkenberg
Gismanndorff
Wendorff

Rosenthal

Steimdorff
Neuer Stadt
Kl Korch
SCHONWALDA
Willenau

Ahlsdorff
Stotzenhayn
Wifs

Korbeth
Cor
Weff

Knipperdorf

Sorgenfeld
Gulpren
Schonau

Waltersdorff
Wistermarck

LUCKAU

Kofba
Lebusa
Soriesa

Mohonbach

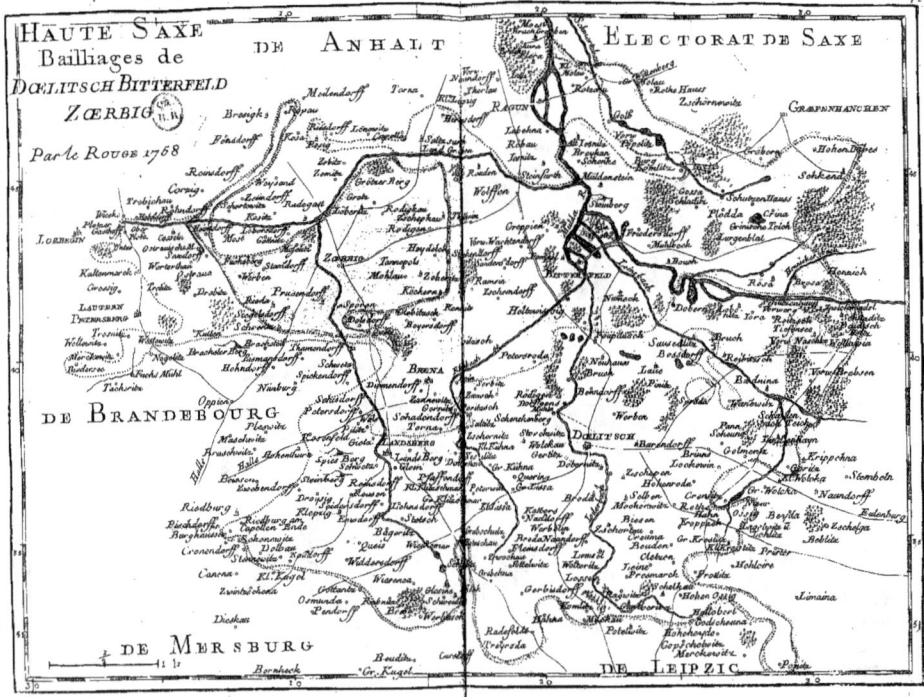

HAUTE SAXE   DE ANHALT   ELECTORAT DE SAXE
Bailliages de
DŒLITSCH BITTERFELD
ZŒRBIG

Par le Rouge 1768

DE BRANDEBOURG

DE MERSBURG   DE LEIPZIC

Bailliages
de
Wurtzen,
Eilenburg
et Duben

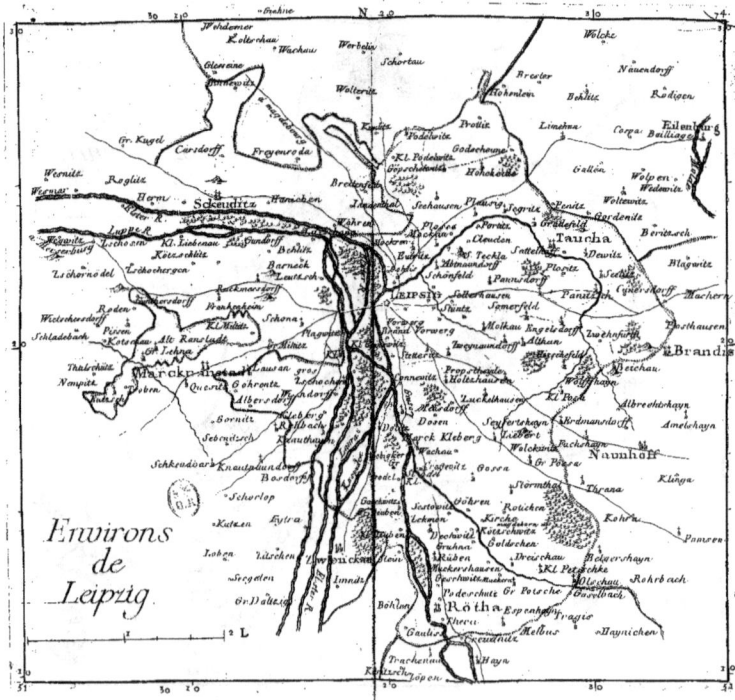

Environs
de
Leipzig

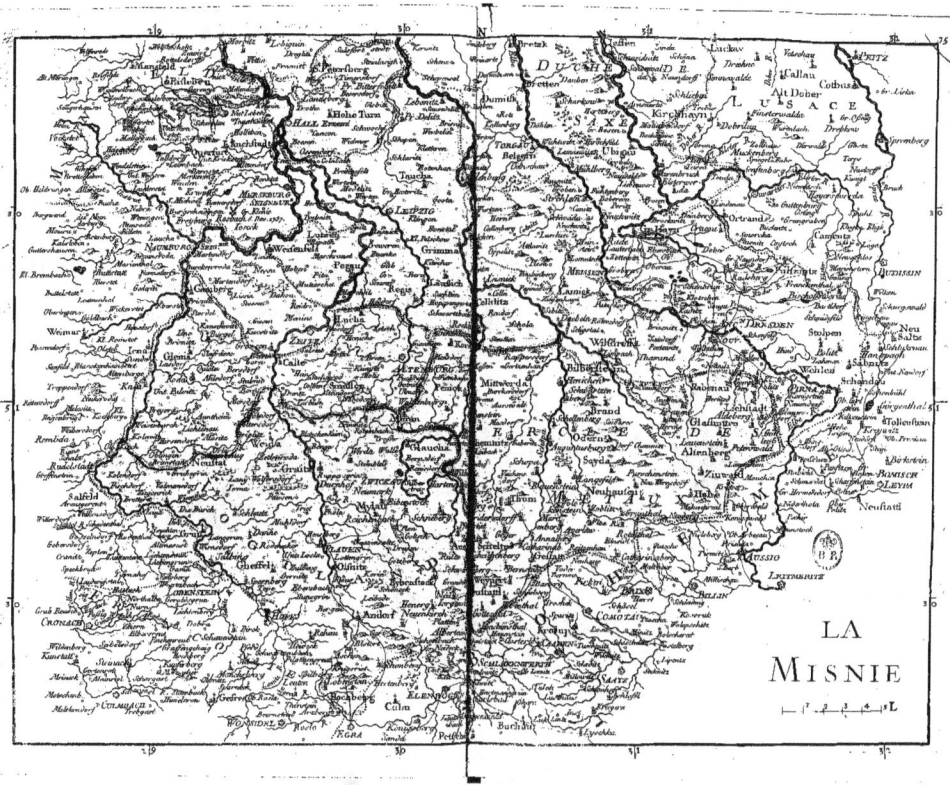

LA
MISNIE

DUCHÉ DE SAXE

LUSACE

LEIPZIG

MERSEBURG

HALL

GRIMMA

SPITZ

QUDIMIN

DRESDE

ALTENBOURG

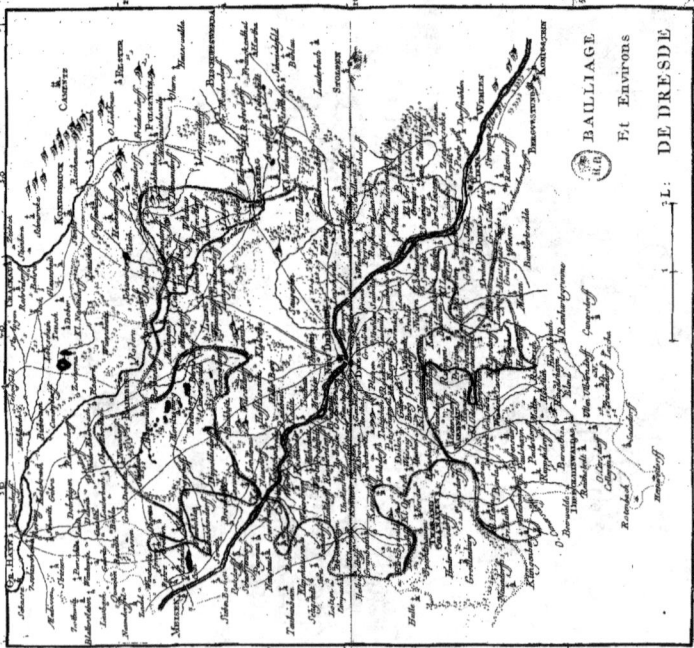
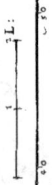

BAILLIAGE
Et Environs
DE DRESDE

MOYENNE MARCHE

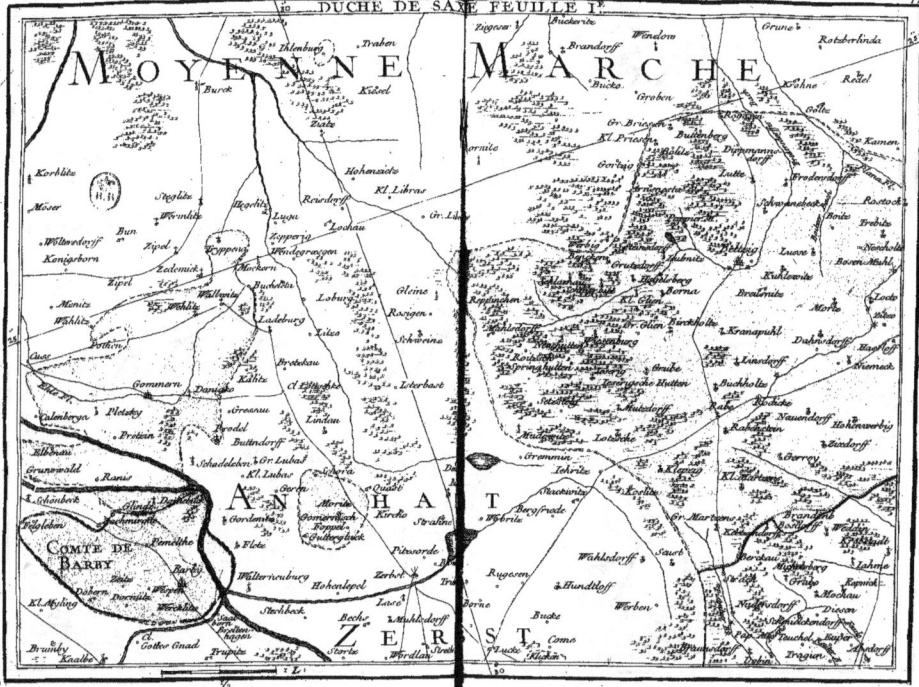

COMTE DE BARBY

ANHALT

ZERST

Korblitz · Möser · Woltersdorff · Konigsborn · Zipel · Moniz · Wahlitz · Calenberge · Ellsnau · Grunewald · Schönbeck · Felgeleben · Kl. Myline · Brumby · Kaalbe · Gotter Gnad · Trupitz · Dober · Pechau · Barby · Walternienburg · Stechbeck · Breiten · Storte · Nordlau

Burok · Steglitz · Wörmlitz · Zipel · Zelemik · Rogelitz · Poppone · Mochern · Buchollta · Ladeburg · Walpenitz · Kählitz · Danuske · Gommern · Pletsky · Pretzin · Buttndorff · Schadeleken · Kl. Lubas · Gordemitz · Pomelthe · Flote · Hohenlepel · Late

Ihlenburg · Traben · Kessel · Zute · Hohenziete · Reierdorff · Kl. Libras · Luga · Lochau · Zopperig · Wendegraugen · Gleine · Lobniz · Rosigen · Lixas · Schwerina · Loterbast · Brotschau · Cl. Ellberthel · Greanau · Lindau · Syberla · Govin · Quast · Morita · Kirche · Strasine · Gr. Lubas · Kirche · Zerbst · Pits orde · Beche · Mühldorff · Berne · Busck · Coma

Zigesa · Drickerite · Wendom · Grune · Rotzberlinda · Brandorff · Bucks · Groben · Galle · Rodel · Dornitz · Gr. Priesen · Kl. Priesen · Kamen · Buttenberg · Dippmann · Frederichs · Rostock · Gorisig · Lutte · Schwanebeck · Boile · Prebitz · Grutzdorff · Berna · Kuhlewitz · Noscholle · Köpenick · Kl. Glin · Braletnitz · Morla · Linco · Birckholtz · Kranapuhl · Dahnsdorff · Inesdorff · Buchholtz · Nemeck · Grosse Hutten · Grube · Butzdorff · Kochke · Nauendorff · Hahnenweiß · Rabenstein · Gorrog · Butzdorff · Lotzebu · Gorrog · Gremmin · Iohritz · Kl. Marben · Berghede · Kegnitz · Kl. Korbetz · Gr. Marben · Wahldorff · Saur · Brandeft · Werben · Hundtloff · Duckau · Lahme · Nedensdorff · Grube · Mochau · Rückendorff · Dixau · Tauchel · Buhr · Dobin · Tragun

DUCHÉ DE SAXE (Feuille)

B R A N D E N B U R G

B A R U T

L

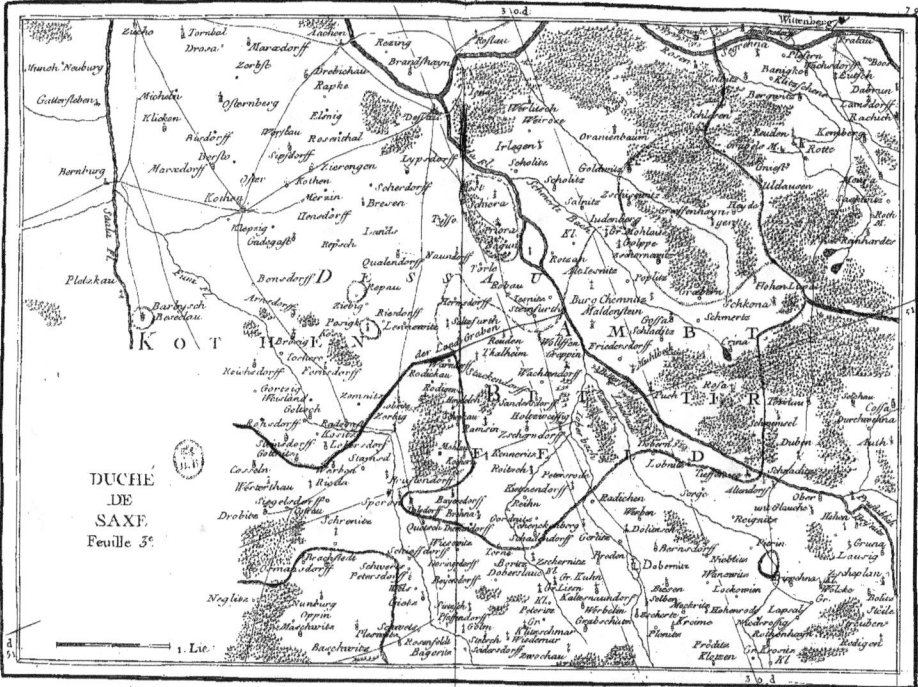

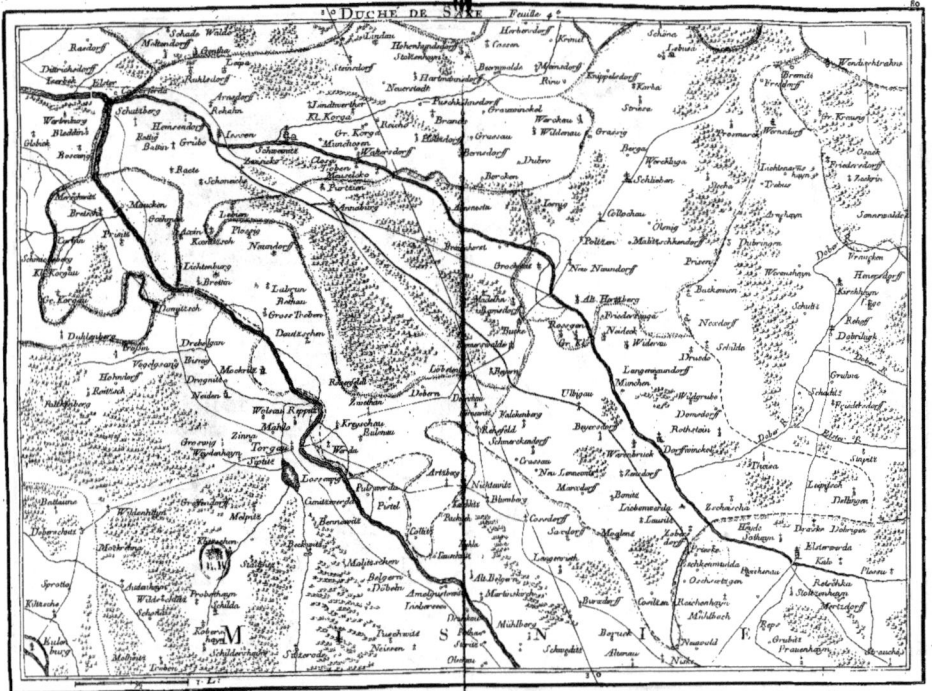

BAILLIAGE
DE
WEISSENFELS

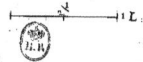

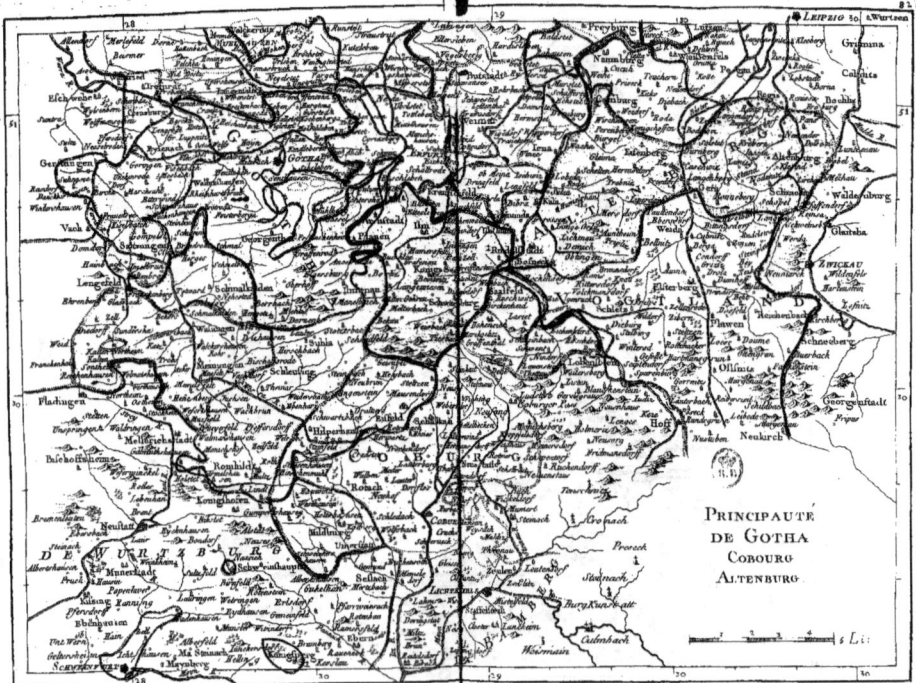

PRINCIPAUTÉ
DE GOTHA
COBOURG
ALTENBURG

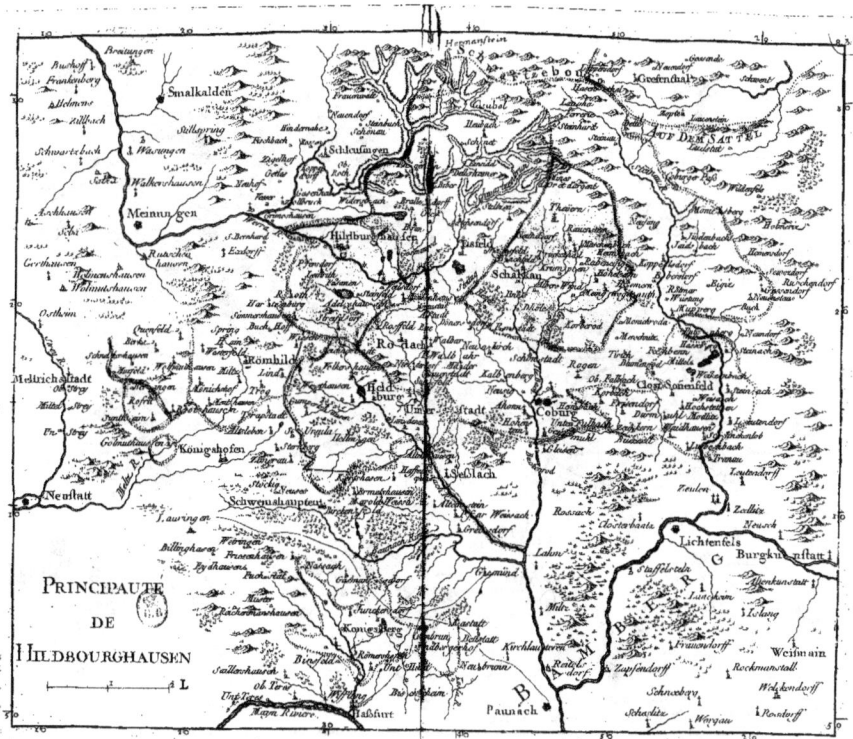

PRINCIPAUTÉ
DE
HILDBOURGHAUSEN

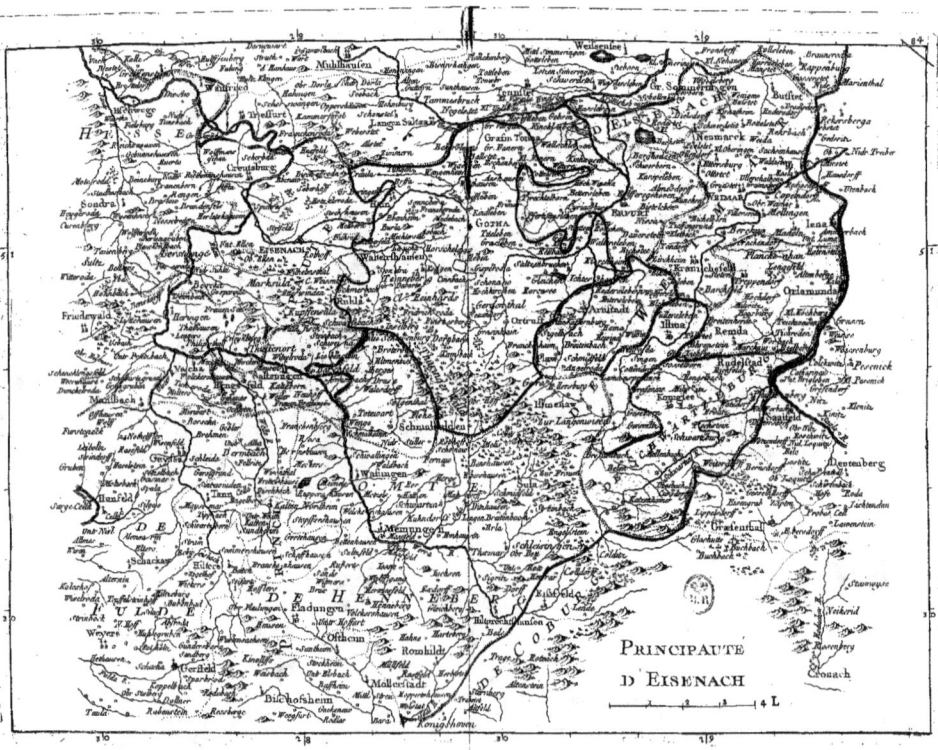

PRINCIPAUTÉ
D'EISENACH

Cercle
des Metaux
dit
Erlzgeburg.
Feuille 1.

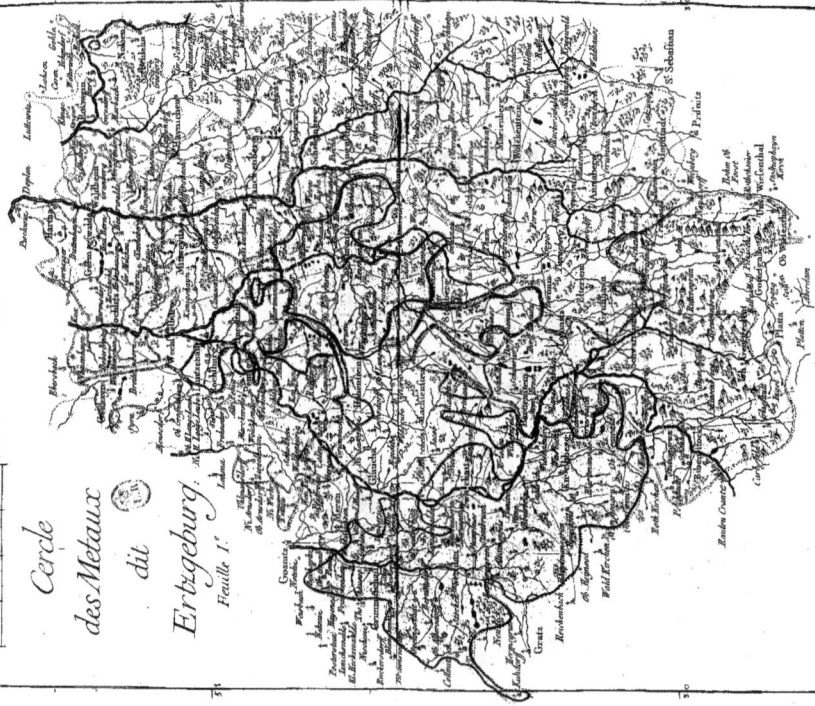

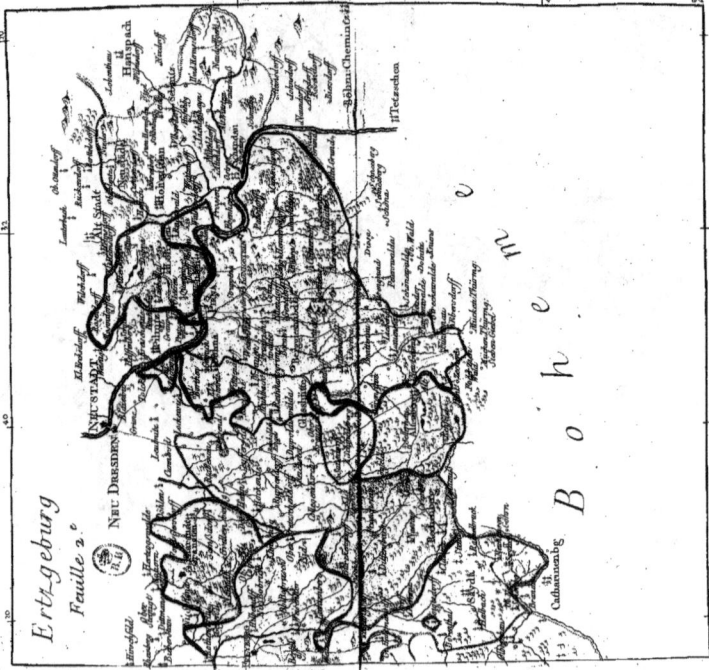

Ertz-geburg
Feuille 2.°

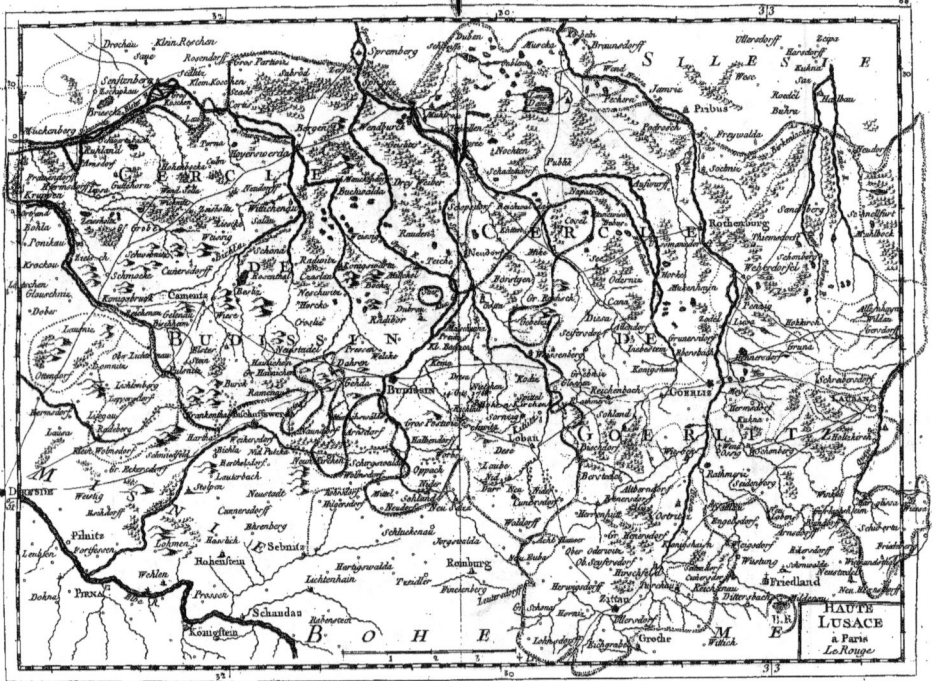

HAUTE
LUSACE
à Paris
Le Rouge

BASSE
LUSACE.
à PARIS
Chez le Sr. le Rouge
1758.

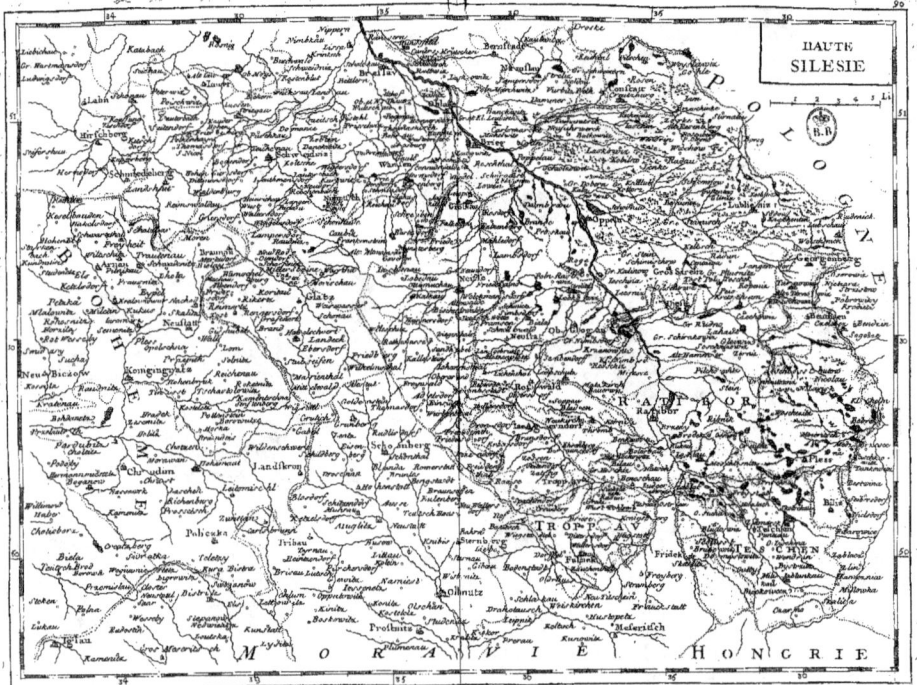

HAUTE
SILESIE

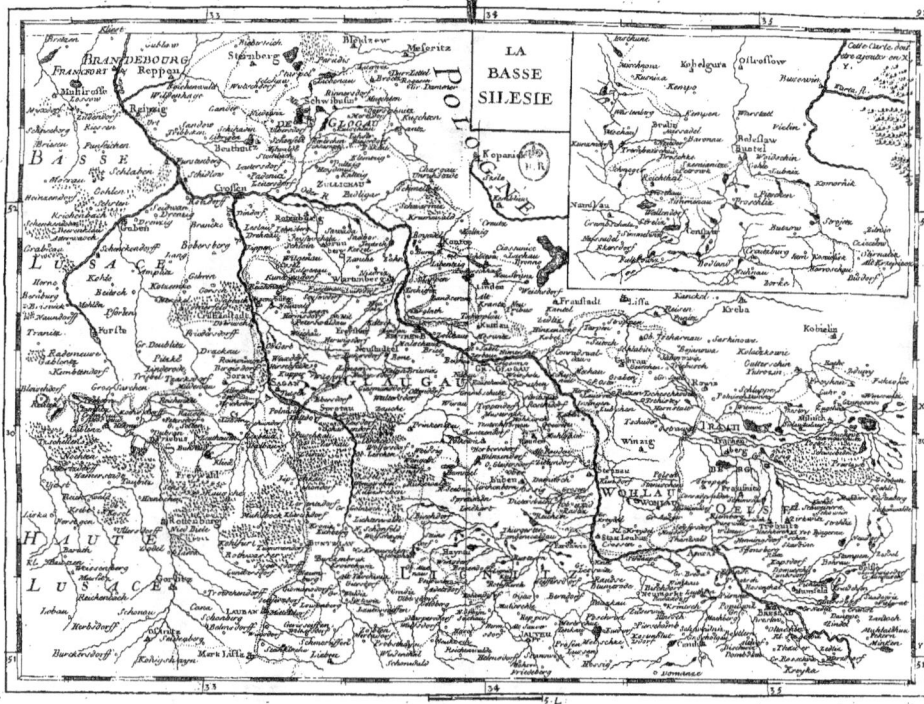

LA
BASSE
SILESIE

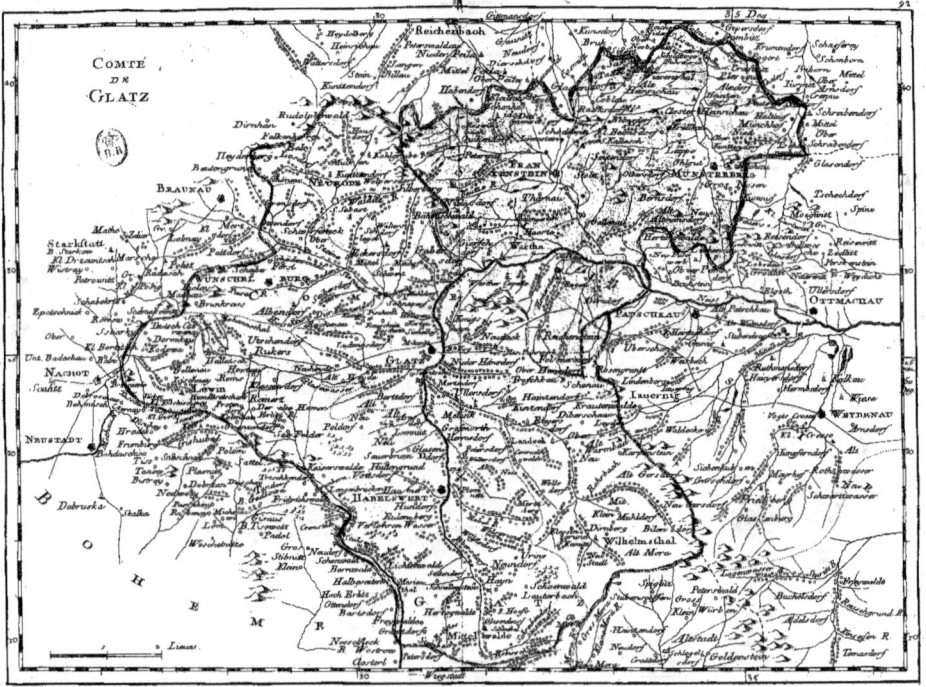

PRAGUE

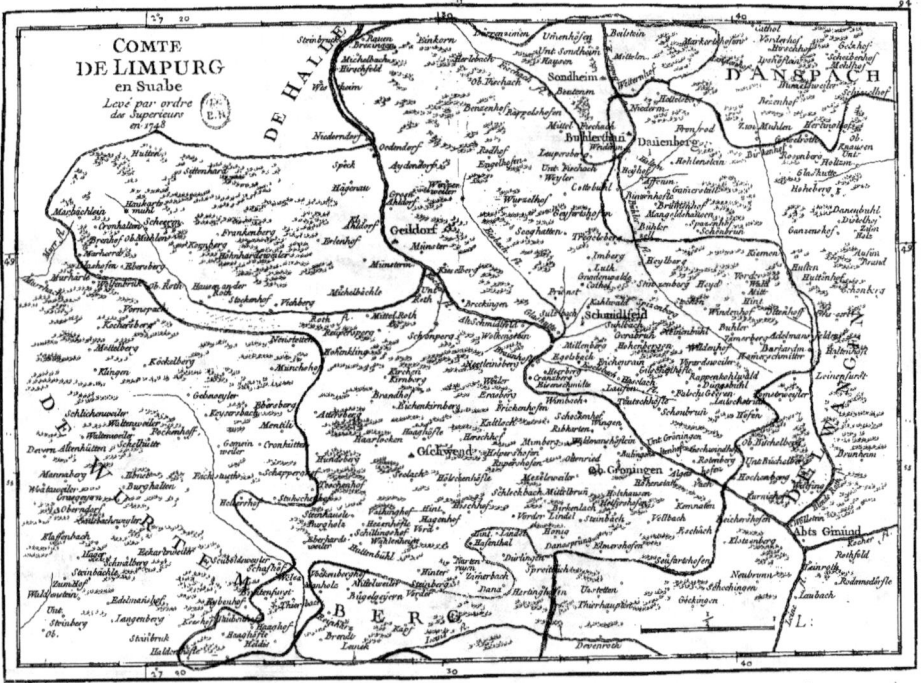

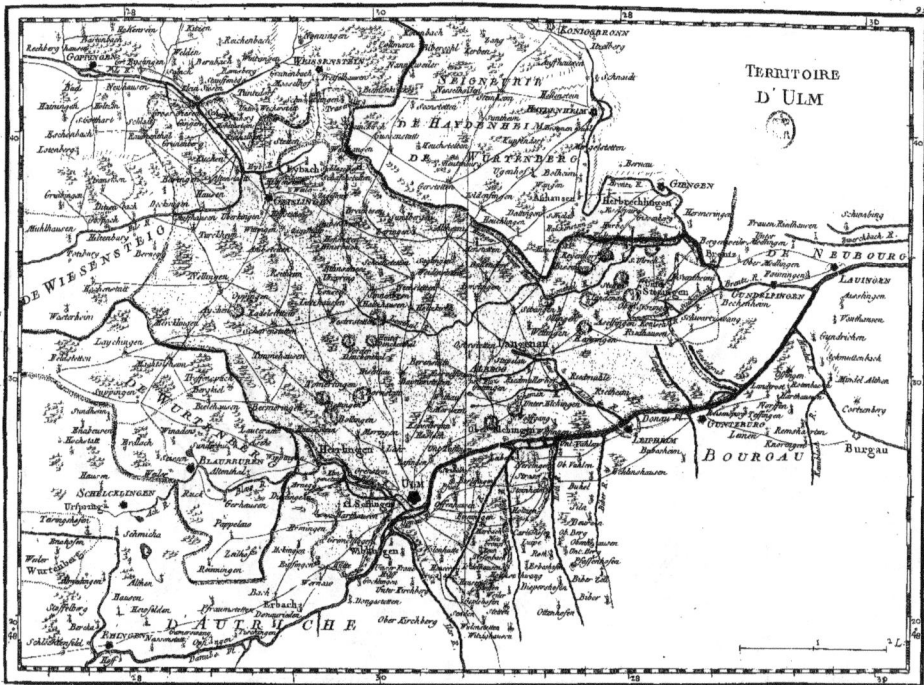

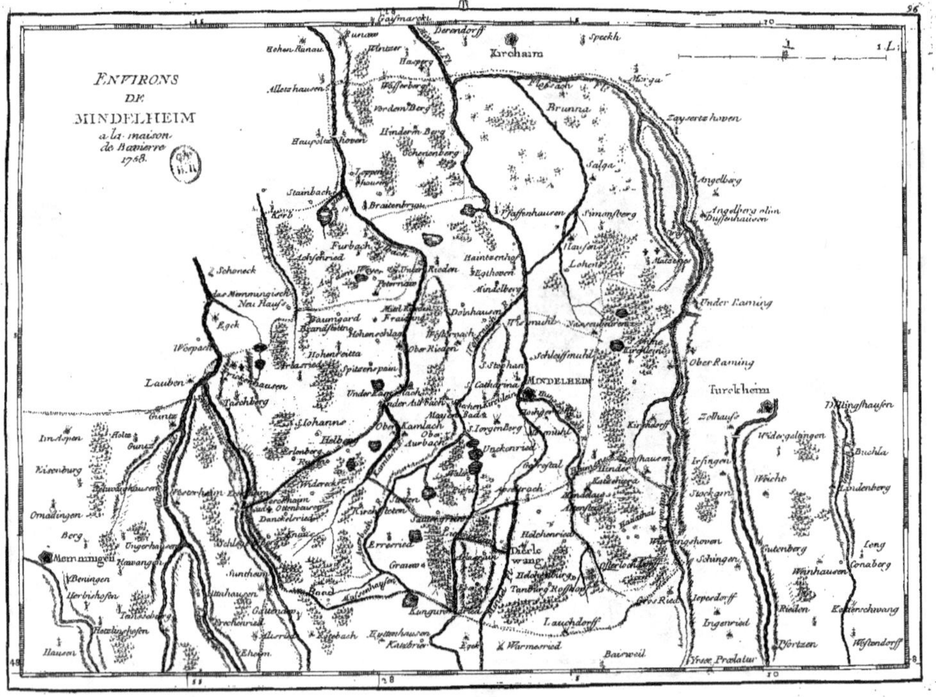

ENVIRONS
DE
MINDELHEIM
a la maison
de Bavierre
1758.
96
MINDELHEIM
Kirchaim
Turckheim
Memmingen
Derendorff
Speckh
Hohen Ranau
Alletzhausen
Brunna
Salga
Angelberg
Simansberg
Pfaffenhausen
Furbach
Baumgard
Lauben
Egck
Mindelberg
Dornhausen
Ober Rieden
S. Stephan
S. Catharina
Schleiffmuhl
Under Raming
Ober Raming
Zollhaus
Dillingshausen
Buchla
Landenberg
Eisenburg
Ungerhausen
Hawangen
Benningen
Herbishofen
Hausen
Holtz
Guntz
Erlenberg
Holbach
Kirchdorff
Lauchdorff
Gros Ried
Ingenried
Rieden
Pfortzen
Wostendorff
Bairweil
Warmesried
Kaufbeur
Ober Kamlach
Unckenried
Holchenried
Dirlewang
Tanberg
Erisried
Grasso
Kungurn
Sontheim
Ottenbauren
Danckelried
Knaus
Brunnen
Zaysertzhoven
Angelberg olim Duffenhausen
Matzenes
Mindel
Irsingen
Stockgen
Gutenberg
Weinhausen
Leng
Conaberg
Ketterschwang
Jeperdorff
Grose Prælatur
Wertingshoven
Schingen

ENVIRONS DE MUNICH

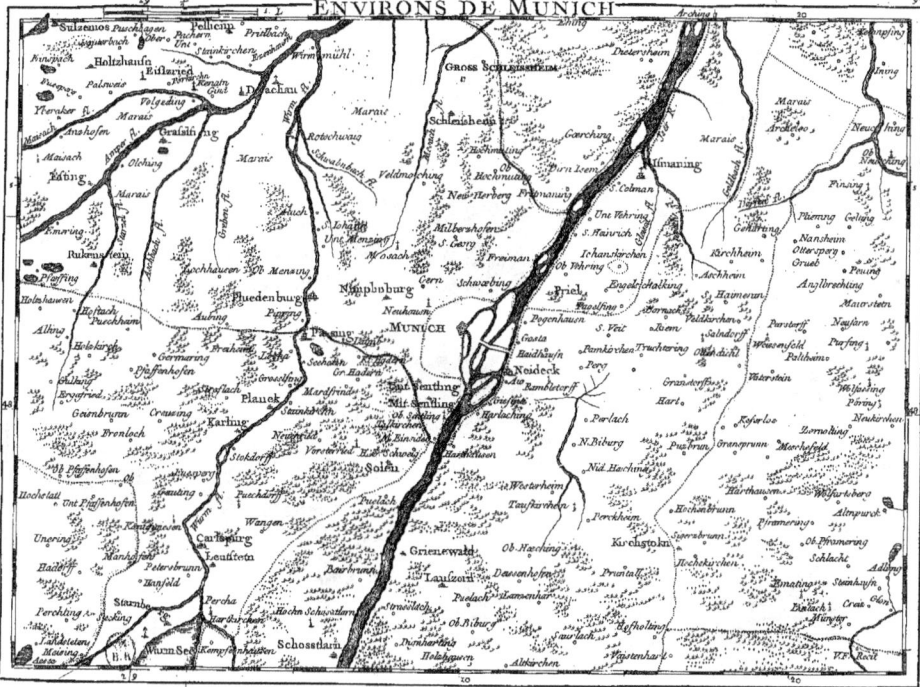

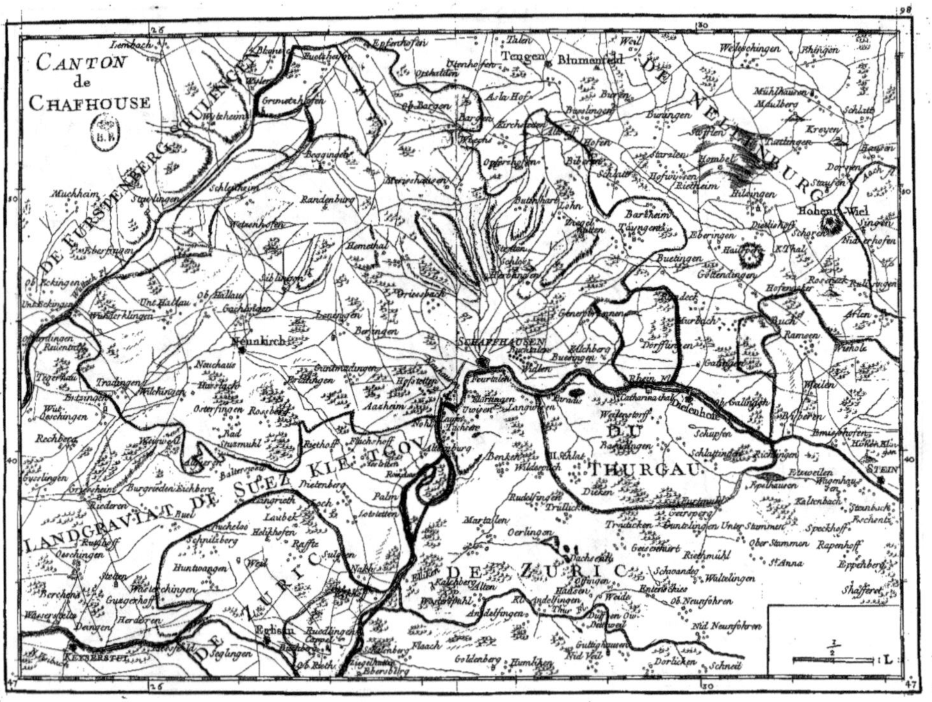

CANTON
de
CHAFHOUSE
B.B.
SCHAFFHAUSEN
Neunkirch
Tengen
Blumenfeld
DE NELLENBURG
DE FURSTENBERG
STULINGEN
LANDGRAVIAT DE SUEZ KLETGOV
DE ZURIC
DU
THURGAU
Hohent Wiel
STEIN
Diesenhoff
Randenburg
Schleitheim
Unt Hallau
Ob Hallau
Rhein Fl
Eglisau
Keyserstul
Andelfingen
Eberingen
Ramsen
Singen
Weil
Rechberg
26
30
40
47

FRANCHE   COMTÉ

Ce qui est au Roi de Prusse
est en Jaunne.

PRINCIPAUTÉ
de
NEUCHATEL
ET VALLANGIN
Par le Rouge

Montbenoit   Montborel   Ville de ponts
Mourau   les Verrieres   la Tour   R.
Mouau en du Pont   Morteau
la Brase   Seule
Les Calemans   Nid du Fol   les Gras
Rochs   les Gras   Cornade   la Veur
Rochas   Bayers   Marocha
Chineul   les Jordans   Braxel   Browa
Chaine Blalieras   Cernil   Chine Damilieu

Seigneurie
de
Travers

COMTÉ   DE

VAL

NEUCHATEL

Botte   Bas de chez   Boveresse   Neuveuquel
Fleurier   Môtier Travers   Travers   le Rouge
                          Rochefort

DE BERNE ET ᵈᵉ FRIBOURG

Peseux   Provence
Vaumarcus
la Motte   Vigelle   St. Aubin
S. Maurice   Baniel
Orgi   Vatière   Onans   Cortaillod   Coseux   de la Lance
Montzoni   Granson
DE   BERNE   Chérsox

LAC   DE   NEUCHATEL

porfond du lac

Estavay   Chevrou
Cudresin
Port Alban
DE   BERNE

Iverdun   Chavani   Mordagne   Yuenan
Juonan

DE   FRIBOURG

lignes d'une lieue le Chemin

Ville   Petite Ville   Bourg   Paroisse   Homeau   Temples   Fours Maisonees   Grosses Sources   nouveaux Passages

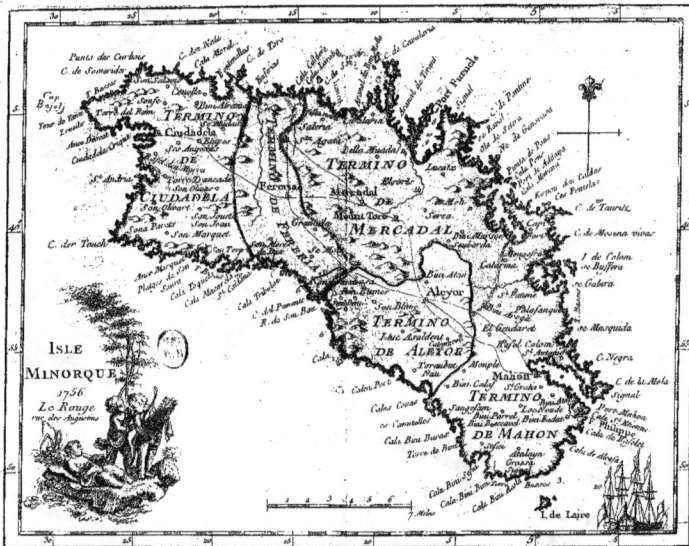

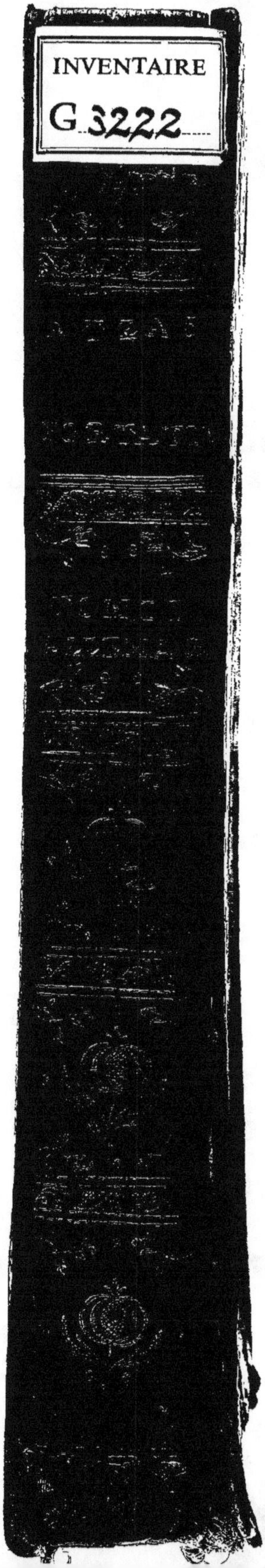

www.ingramcontent.com/pod-product-compliance
Lightning Source LLC
Chambersburg PA
CBHW071226290326
41931CB00037B/2210